essentials

Essentials liefern aktuelles Wissen in konzentrierter Form. Die Essenz dessen, worauf es als „State-of-the-Art" in der gegenwärtigen Fachdiskussion oder in der Praxis ankommt. *Essentials* informieren schnell, unkompliziert und verständlich

- als Einführung in ein aktuelles Thema aus Ihrem Fachgebiet
- als Einstieg in ein für Sie noch unbekanntes Themenfeld
- als Einblick, um zum Thema mitreden zu können

Die Bücher in elektronischer und gedruckter Form bringen das Fachwissen von Springerautor*innen kompakt zur Darstellung. Sie sind besonders für die Nutzung als eBook auf Tablet-PCs, eBook-Readern und Smartphones geeignet. *Essentials* sind Wissensbausteine aus den Wirtschafts-, Sozial- und Geisteswissenschaften, aus Technik und Naturwissenschaften sowie aus Medizin, Psychologie und Gesundheitsberufen. Von renommierten Autor*innen aller Springer-Verlagsmarken.

Thomas Mündle

Potenzialentfaltung durch Positive Bildung

Die 24 Charakterstärken für mehr schulisches Wohlbefinden nutzen

Thomas Mündle
Gamprin-Bendern, Liechtenstein

ISSN 2197-6708 ISSN 2197-6716 (electronic)
essentials
ISBN 978-3-662-73124-6 ISBN 978-3-662-73125-3 (eBook)
https://doi.org/10.1007/978-3-662-73125-3

Die Deutsche Nationalbibliothek verzeichnet diese Publikation in der Deutschen Nationalbibliografie; detaillierte bibliografische Daten sind im Internet über https://portal.dnb.de abrufbar.

Planung/Lektorat:Marion Krämer
Springer ist ein Imprint der eingetragenen Gesellschaft Springer-Verlag GmbH, DE und ist ein Teil von Springer Nature.
Die Anschrift der Gesellschaft ist: Heidelberger Platz 3, 14197 Berlin, Germany

Was Sie in diesem *essential* finden können

- Eine kurze Erklärung, was Positive Bildung will
- Eine konzise Einführung in das Konzept der 24 Charakterstärken
- Zentrale Erkenntnisse aus der Charakterstärken-Forschung, welche die Bedeutung der 24 Charakterstärken für ein gutes Leben und für die Schule zeigen
- Vier pädagogische Konzepte, die das Lernen und Kultivieren von Charakterstärken an Schulen erhellen
- Eine Strategie und acht Tipps für eine gesamtschulische Implementierung der 24 Charakterstärken
- Fallbeispiele, wie das Charakterstärken Modell an der formatio Privatschule genutzt und gelebt wird
- Vier Traum-Ideen für die Verbindung des Charakterstärken Modells mit anderen Konzepten für eine Stärken-Schule 2.0

Vorwort: Positive Psychologie macht Schule

In der PISA-Umfrage 2022 ist neben den akademischen Leistungen erstmals systematisch auch das Wohlbefinden der Schüler:innen ermittelt worden. Gleichzeitig vermerkt der PISA-Koordinator Andreas Schleicher in seinem Vorwort zu den neuesten Ergebnissen:

„Die jüngsten PISA-Ergebnisse zeigen, dass die Bildungssysteme (...) schulische Spitzenleistungen fördern können, und zwar nicht auf Kosten des Wohlbefindens der Schüler:innen, sondern durch das Wohlbefinden der Schüler:innen. Zugleich zeigen die Ergebnisse aber auch, dass viele Bildungssysteme dieser Aufgabe nicht gewachsen sind.“(OECD 2023, 6; meine Übersetzung)

Sowohl schulische Leistungen als auch das Wohlbefinden fördern – das scheint kein leichtes Unterfangen zu sein. Sollten das tatsächlich die zwei Kriterien werden, an denen man in Zukunft die Exzellenz eines Schulsystems messen will? Falls ja, so scheint die Positive Bildung hierfür einen möglichen Weg anzubieten. Denn im Grunde ist dies exakt deren Agenda (IPEN 2024).

Im deutschsprachigen Raum hat Olaf Axel Burow den Wert dieser Forschung früh erkannt und bereits 2011 in seinem Buch *Positive Pädagogik*[1] gefordert, Schule zu einem „Ort von Lernfreude“(Burow 2011, 11) zu machen. Jüngst wurde im Sammelband *Positive Bildung für die schulische Praxis* dokumentiert, wie häufig heute bereits im deutschsprachigen Raum insbesondere das PERMA-Modell für Schulentwicklung, für Schul-Leadership, für Glücksunterricht, etc. Anwendung findet (Lichtinger 2025).

---

[1] Der englische Begriff *positive education* ist zunächst als „Positive Pädagogik“ ins Deutsche übertragen worden. Seit einigen Jahren wird verstärkt die Übersetzung „Positive Bildung“ verwendet. Ich folge diesem Trend hier und rede ebenfalls von Positiver Bildung.

Ich möchte mit diesem Büchlein einen weiteren Ansatz vorstellen, welcher die 24 Charakterstärken ins Zentrum rückt – ein Konzept, in welchem viele das Herzstück der Positiven Psychologie sehen (Kristjansson 2015, 6; Hart 2021, 141). Ich meine: Das sind die 24 Charakterstärken tatsächlich. In der Positiven Bildung hingegen – dem pädagogischen Spin-Off der Positiven Psychologie – gibt es zwar einzelne Programme, die Charakterstärken-Übungen als positiv-psychologische Interventionen verwenden (vgl. Coppley und Niemiec 2021), ein gesamtschulischer Ansatz *(whole school approach),* welcher systematische Überlegungen zur Implementierung des Konzepts der 24 Charakterstärken anstellt, fehlt jedoch bislang. Die Vorteile einer solchen Stärken-Schule – wie ich sie gerne nenne – sind mannigfach. Egal in welcher Variante die Stärken-Schule angestrebt wird (es gibt hierfür verschiedene Optionen), auf jeden Fall wird dabei stets eine Form von Charakterbildung ins Zentrum des pädagogischen Denkens und Handelns gestellt.

Ich würde mich natürlich freuen, wenn zahlreiche Schulen in Zukunft die 24 Charakterstärken zum Kernkonzepts ihres pädagogischen Selbstverständnisses machen würden. Ich glaube nämlich, dass eine konsequente Einbettung der Charakterstärken in das Bildungssystem die einmalige Chance bietet, starke Persönlichkeiten hervorzubringen. Und schliesslich bin ich überzeugt, dass eine Schule, die sich gezielt auf diese Weise um die Potenzialentfaltung von allen kümmert, auch ein Ort sein wird, an dem Menschen mehr Wertschätzung verspüren und folglich aufblühen werden: das Schulmanagement genauso wie das Lehrpersonal und natürlich – last but not least – die Schülerinnen und Schüler.

Dieses Buch widme ich der formatio, die im Schuljahr 1995/1996 mit dem Motto „Stärken stärken“ gegründet wurde; und all den dort arbeitenden Lehrpersonen, die dieses Motto mit Hilfe der 24 Charakterstärken heute zu verwirklichen versuchen; und der Forschungsgruppe rund um Willibald Ruch – und speziell Lisa Wagner –, weil ohne ihre Grundlagenforschung es all dies nicht gäbe.

Bendern
im April 2025

Thomas Mündle

Inhaltsverzeichnis

Positive Bildung

1

Um die Schlüsselidee von Positiver Bildung *(positive education)* zu erklären, verwendet das International Positive Education Network (kurz: IPEN) das Bild einer DNA, wobei der eine Strang die akademischen Leistungen *(academics)* darstellt und der andere Strang für Charakterstärken & Wohlbefinden *(character strengths & wellbeing)* steht (IPEN, 2024). Beide DNA-Stränge werden dabei als gleich wichtig und sich komplementär ergänzend erachtet. Natürlich sollen sich die Schüler:innen an positiv-pädagogischen Schulen fachliches Wissen aneignen. Gleichzeitig sollen zentrale Erkenntnisse und Konzepte aus der Positiven Psychologie Eingang finden, sodass die Schule zu einem Lernort wird, wo junge Menschen aufblühen.

In gewisser Hinsicht ist dieses Verständnis von Bildung nicht allzu neu. Olaf-Axel Burow hat etwa darauf hingewiesen, dass Ernst Christian Trapp in seinem *Versuch einer Pädagogik* von 1780, der ersten systematischen Abhandlung zur Pädagogik in Deutschland überhaupt, sein Bildungskonzept so auf den Punkt gebracht hat: „Erziehung ist die Bildung des Menschen zur Glückseligkeit" (zit. in Burow, 2011, 15). Inzwischen wird dieses höchste pädagogische Ziel – zumindest im angloamerikanischen Raum – abermals in buchlangen Abhandlungen mit sehr guten Argumenten verteidigt (beispielhaft etwa Kristjansson, 2020; und besonders einmütig Curren et al., 2024). Auch die Fokussierung auf Charakterstärken ist alles Andere als neu. Die Erziehung zur Tugendhaftigkeit war im Altertum und Mittelalter ein zentrale Aufgabe von schulischer Bildung, ohne dass dadurch die Vermittlung von fachlichem Wissen gelitten hätte (vgl. Kristjansson, 2015, 226).

T. Mündle, *Potenzialentfaltung durch Positive Bildung*, essentials,
https://doi.org/10.1007/978-3-662-73125-3_1

In abgewandelter Form spielen die Tugenden oder Charakterstärken[1] im heutigen deutschsprachigen pädagogischen Diskurs ebenfalls eine gewisse Rolle: nämlich wenn die Rede davon ist, dass Schüler:innen im Laufe ihrer Schulbahn unterschiedliche Kompetenzen oder Soft Skills erwerben sollen.

Was ist also wirklich neu an der Positiven Bildung? Eine gute Antwort wäre wohl: Wenig und viel. Für die Antwort wenig spricht, dass man für die Positive Bildung eine lange Ahnengalerie erstellen könnte – beginnend mit Aristoteles und Platon (vgl. Kristjansson, 2015; Kristjansson, 2020) – und in ihr ein zeitgemässes (neo-)humanistisches Bildungsprogramm sehen könnte. Und dann ist wiederum vieles neu. Neu ist etwa das PERMA-Modell, welches das Wohlbefinden präzise konzeptualisiert und für die Schul- und Unterrichtsentwicklung nutzbar macht (vgl. Lichtinger, 2023; Städeli, 2023). Und neu ist auch eine umfassende und gleichzeitig höchst praktikable Liste mit wünschenswerten menschlichen Eigenschaften, die es alle wert sind, gefördert und kultiviert zu werden: die 24 Charakterstärken (Peterson & Seligman, 2004).

Zum Nachdenken

- Wohlbefinden oder Glück[2] waren bis vor kurzem kein bedeutsames Thema für die zeitgenössische Pädagogik. Warum eigentlich?
- Ist es richtig, akademische Leistungen und Charakterbildung/Wohlbefinden als die beiden höchsten Ziele von Schule anzusehen? Oder gäbe es noch andere Ziele?
- Wollen nicht alle Eltern im Grunde, dass ihre Kinder glücklich sind? Müsste das Glück folglich nicht einen zentralen Stellenwert in der schulischen Bildung einnehmen?
- Vom Philosophen Karl Popper stammt der Ausspruch: „Von allen politischen Idealen ist der Wunsch, die Menschen glücklich zu machen, vielleicht der gefährlichste. Ein solcher Wunsch führt unvermeidlich zu dem Versuch anderen Menschen unsere Ordnung ‚höherer‘ Werte aufzuzwingen, um ihnen so die Einsicht in Dinge zu verschaffen, die uns für ihr Glück am wichtigsten zu sein scheinen; also gleichsam zu dem Versuch, ihre Seele zu retten.“ (Popper, 1970, 291) Falls das stimmt, sollten sich dann Eltern nicht davor hüten, ihre Kinder in „Glücksschulen“ zu schicken?

---

[1] Obwohl die Positive Psychologie klar zwischen Tugenden und Charakterstärken unterscheidet (vgl. Peterson & Seligman, 2004), verwende ich die Begriffe gelegentlich quasi-synonym – weil viele Charakterstärken einfach das sind, was man ehemals Tugenden nannte.

[2] Die älteren Publikationen zur Positiven Pädagogik verwenden gerne das Wort „Glück" (Burow, 2011; Brohm & Endres, 2015); die neueren den nüchternen Terminus „Wohlbefinden"(Lichtinger, 2023; Städeli, 2023).

Die VIA-Klassifikation der 24 Charakterstärken

2

Im Folgenden wird das Modell der 24 Charakterstärken eingehend vorgestellt und sodann zwei verwandten Ansätzen aus der zeitgenössischen Pädagogik gegenüber gestellt.

2.1 Die Grundlagen

Christopher Peterson und Martin Seligman haben mithilfe von 55 Forscher:innen in einem dreijährigen Forschungsgrossprojekt nach menschlichen Eigenschaften gesucht, die über alle Kulturen und Zeiten hinweg hoch geachtet worden sind. Dazu recherchierten sie unter anderem in den grossen Weltreligionen und bedeutenden Texten verschiedener philosophischer Traditionen. Das Ergebnis dieser umfassenden Untersuchung ist die sogenannte VIA-Klassifikation[1] der Stärken und Tugenden. Tab. 2.1. zeigt eine Liste aller 24 Charakterstärken. Sie sind zu sechs höheren Tugenden zusammengefasst worden, da sie zu deren Entwicklung einen Beitrag leisten sollen.

[1] Das Kürzel VIA steht für *Values in Action (*Werte in Aktion*)*. Der entsprechende Fragebogen dazu ist bekannt als VIA IS-Fragebogen. Das IS steht für *Inventory of Strengths* (Inventar der Stärken).

T. Mündle, *Potenzialentfaltung durch Positive Bildung*, essentials,
https://doi.org/10.1007/978-3-662-73125-3_2

Tab. 2.1. Die originale VIA-Klassifikation der 24 Charakterstärken und sechs höheren Tugenden (nach Peterson & Seligman, 2004). Es gibt inzwischen einige leicht divergierende deutsche Übersetzungen. Die unten stehende folgt dem Vorschlag der Universität Zürich. An unserer Schule verwenden wir aus Gründen der Verständlichkeit für Kinder und Jugendliche folgende alternative Begriffe: Ehrlichkeit anstatt Authentizität; Liebe anstatt Bindungsfähigkeit und Selbstdisziplin anstatt Selbstregulation.

Weisheit (Wisdom)	Mut (Courage)	Menschlichkeit (Humanity)	Gerechtigkeit (Justice)	Mässigung (Temperance)	Transzendenz (Transcendence)
Kreativität (Creativity)	Tapferkeit (Bravery)	Freundlichkeit (Kindness)	Fairness (Fairness)	Vergebungsbereitschaft (Forgiveness)	Sinn für das Schöne (Appreciation of beauty and excellence)
Neugier (Curiosity)	Ausdauer (Perseverance)	Bindungsfähigkeit (Love)	Führungsvermögen (Leadership)	Bescheidenheit (Modesty)	Dankbarkeit (Gratitude)
Urteilsvermögen (Judgement)	Authentizität (Authenticity)	Soziale Intelligenz (Social intelligence)	Teamwork (Teamwork)	Vorsicht (Prudence)	Hoffnung (Hope)
Liebe zum Lernen (Love of learning)	Enthusiasmus (Zest)			Selbstregulation (Self-regulation)	Humor (Humour)
Weisheit (Perspective)					Spiritualität (Spirituality)

Eine Definition
Charakterstärken sind positive menschliche Eigenschaften, …

- die Menschen in ihrem Kern beschreiben und mit denen sich Menschen (oft) stark identifizieren,
- die zu wünschenswerten Ergebnissen führen, indem man durch ihren Gebrauch verschiedene Formen von Wohlbefinden (z. B. Gesundheit, Frieden, gute Beziehungen) kultivieren und Widrigkeiten im Leben erfolgreich bewältigen kann,
- die mitunter zum Wohl aller (der Familie, der Gesellschaft, etc.) einen Beitrag leisten können.

  Zudem ist es wichtig zu bedenken, dass …
- Charakterstärken nichts Fixes sind (auch wenn es vielleicht eine genetische Komponente geben mag) und sie sich entwickeln lassen, etwa durch bewusstes Einüben.

24 Charakterstärken – und nicht mehr?
Eine Frage, die sich aufdrängt, lautet: Woher weiss man, dass diese Liste wirklich eine vollständige Beschreibung aller menschlicher Charakterstärken enthält? Was ist zum Beispiel mit Heldenhaftigkeit, Gastfreundschaft oder Achtsamkeit? Sind das nicht auch Stärken? Die Antwort hierauf wäre: Heldenhaftigkeit ist so etwas wie Mut. Und Gastfreundschaft ist eine spezielle Variante von Freundlichkeit (wobei manche Kulturen sie vielleicht besonders stark ausgeprägt haben). Was schliesslich Achtsamkeit betrifft: Hierbei handelt es sich um eine sogenannte zusammengesetzte Stärke *(compound strength)* (vgl. Niemiec, 2018, 8). Achtsamkeit kann als eine Kombination aus Neugierde plus Selbstregulation angesehen werden. Kurzum: Die Liste der 24 Charakterstärken will alle wichtigen positiven menschlichen Eigenschaften abbilden und gleichzeitig kompakt sein – weshalb quasi-synonyme Bezeichnungen, spezifische Varianten und zusammengesetzte Stärken nicht extra aufgelistet werden. Gleichzeitig wird die Liste als *work in progress* angesehen. Vielleicht wird sich die Liste in Zukunft auch nochmals ändern.

24 Charakterstärken & 6 Tugenden – wirklich?
Die 24 Charakterstärken wurden von Christopher Peterson und Martin Seligman sechs höheren Tugenden zugeteilt, in der Annahme, dass bestimmte Charakterstärken (z. B. Liebe) zur Ausbildung bestimmter Tugenden (z. B. Menschlichkeit) beitragen (Peterson & Seligman, 2004). Die Richtigkeit dieser Zuordnung wurde in empirischen Arbeiten weiter überprüft, sodass es heute ein facettenreicheres Bild gibt, das zeigt, dass manchmal eine Charakterstärke mehrere Tugenden stützen kann. Die Charakterstärke Führungsvermögen trägt beispielsweise zu den Tu-

genden Weisheit, Mut und Gerechtigkeit bei (Ruch et al., 2021). Zudem gibt es weitere empirische Arbeiten, die in ihren Faktorenanalysen die Clusterbildung in sechs höhere Tugenden nicht finden können. Stattdessen sind alternative Einteilungen vorgeschlagen worden, die alles kennen: von einer bis zu sechs höheren Tugenden (vgl. Wagner & Ruch, 2023a).

Ein Beispiel für eine solche alternative Sichtweise ist jene des Philosophen Kristjan Kristjansson (Kristjansson, 2015). Er erachtet die gesamte Unterscheidung zwischen 24 Charakterstärken und sechs Tugenden als nicht allzu schlüssig. Denn das, was die Positive Psychologie neu Charakterstärken nennt – etwa: Hoffnung, Mut, Dankbarkeit – waren dereinst einfach Tugenden. Für ihn gibt es, wie bereits für Aristoteles, nur eine Meta-Tugend: die praktische Weisheit *(phronesis),* welche darüber entscheidet, wann genau welche Tugend zum Einsatz kommt.

24 Charakterstärken & 3 Tugenden – ein ganzheitliches Modell für die Praxis

Für die praktische Arbeit mit Charakterstärken hat sich eine weitere Klassifikation bewährt, die davon ausgeht, dass sich die 24 Charakterstärken drei höheren Tugenden zuordnen lassen: nämlich Wissbegierde *(inquisitiveness),* Fürsorge *(caring)* und Selbstkontrolle *(self-control)* (vgl. Malinowski, 2023, 164–168). Robert McGrath hat dieses Modell durch eine umfassende Faktorenanalyse gefunden und spricht von einem besonders intuitiven Rahmenwerk *(particularly intuitive framework)* (McGrath, 2015, 422). Tatsächlich ist diese Dreiteilung in humanistisch-pädagogischen Kreisen sehr bekannt. Bereits der Schweizer Pädagoge Johann Heinrich Pestalozzi (1746–1827) sprach davon, dass eine ganzheitlichen Bildung darin bestehe, Menschen mit Kopf, Herz und Hand(-Stärken) hervorzubringen (Raithel et al., 2009). Wie sich genau die 24 Charakterstärken diesen drei fundamentalen Tugenden zuordnen lassen, lässt sich aus Tab. 2.2. ablesen. Die Plus-Zeichen zeigen an, wie verlässlich die Einordnung ist (wobei zwei Pluszeichen für eine besonders starke Evidenz sprechen und ein Pluszeichen für eine etwas weniger starke).

Vielfältige Weisen der Nutzung

Prinzipiell besitzt jeder Mensch alle 24 Charakterstärken. Manche Menschen mögen glauben, dass sie überhaupt keinen Humor haben. Vielleicht drückt sich jedoch ihr Humor anders aus: Sie finden es nicht lustig, wenn jemand auf einer Bananenschale ausrutscht, schätzen jedoch feinen Wortwitz und verbale Schlagfertigkeit. Andere mögen denken, dass sie nicht über Selbstdisziplin verfügen, weil sie nicht regelmässig Sport treiben. Jedoch putzen sie ihre Zähne konsequent zwei Mal pro Tag. Kurzum: Jede Stärke kann auf vielfältige Weise zum Ausdruck gebracht werden – und es gibt grössere und kleinere Formen von Mut, Weisheit, Sinn für das Schöne, etc.

Tab. 2.2. Die die drei höheren Tugenden für eine ganzheitliche Persönlichkeitsbildung und die 24 Charakterstärken (nach McGrath, 2015; adaptiert nach Malinowski, 2023, 165)

	Wissbegierde (Kopf)	Fürsorge (Herz)	Selbstbeherrschung (Hand)
Freundlichkeit		++	
Dankbarkeit		++	
Liebe		++	
Teamwork		++	
Verzeihen		++	
Fairness		++	++
Führungsvermögen		++	+
Authentizität		+	++
Bescheidenheit		+	++
Urteilsvermögen	++		++
Weisheit	++		++
Sinn für das Schöne	++	++	
Ausdauer			++
Selbstregulation			++
Vorsicht			++
Neugierde	++		
Kreativität	++		
Enthusiasmus	++		
Tapferkeit	++		
Liebe zum Lernen	++		
Hoffnung	++		
Humor	+	+	
Soziale Intelligenz	+	+	
Spiritualität		+	

Die Goldene Mitte

Bereits Aristoteles betonte die Idee der Goldenen Mitte beim Gebrauch der Tugenden. Im Jargon der Positiven Psychologie spricht man entsprechend von der Überbetonung *(overuse)* und der Unterbetonung *(underuse)* der Stärken. Um es an einem Beispiel zu illustrieren: Wer übertrieben mutig ist, agiert waghalsig. Wer zu wenig Mut zeigt, wirkt allzu zaghaft. Die optimale Nutzung von Stärken verlangt folglich nach dem richtigen Mass – und dieses ist stark von der jeweiligen Situation abhängig.

Die Signaturstärken – oder auch: Superstärken

Jeder Mensch verfügt über fünf bis sieben Charakterstärken, die ihn besonders auszeichnen: Es sind dies seine Signaturstärken *(signature strengths)*. Hinter einer bestimmten Berufswahl steckt zum Beispiel oft der Wunsch, eine bestimmte

Signaturstärke im Leben zum Ausdruck zu bringen. Ein Architekt möchte zum Beispiel seine Kreativität ausleben. Eine Juristin will sich vielleicht für mehr Fairness in der Welt einsetzen. Etc.

Im schulischen Kontext wird für den Fachbegriff Signaturstärken oft einfach das Wort Superstärken verwendet (z. B. Teufel, 2023). Dieser „unwissenschaftliche" Alternativbegriff ist – meiner Meinung nach – für Kinder und Jugendliche didaktisch sehr passend, da er nicht nur viel weniger technisch klingt, sondern auch vage Assoziationen zu Comic-Superheld:innen weckt, die ebenfalls über ungewöhnliche Superkräfte verfügen. Die Botschaft, dass jeder (junge) Mensch über eine höchst individuelle Kombination an (psychischen) Superstärken verfügt, macht Schüler:innen zumeist neugierig.

Die niederen Stärken

Als niedere Stärken *(lower strengths)* werden jene der 24 Charakterstärken bezeichnet, die nach Ausfüllen des VIA IS-Fragebogens ganz unten auftauchen. Die Rede von Charakterschwächen wird in positiv-psychologischen Kreisen oft bewusst vermieden, da der Fragebogen Stärken und nicht Schwächen misst. Zusätzlich wird regelmässig darauf hingewiesen, dass jeder Mensch tatsächlich alle Stärken besitzt, manche vielleicht seltener genutzt oder geringer geschätzt werden, sie sich aber auf jeden Fall trainieren und entwickeln lassen (vgl. Niemiec, 2018, 282–283).

Die Glücksstärken

Wie die empirische Forschung gezeigt hat, korrelieren fünf Charakterstärken besonders stark mit der Lebenszufriedenheit. Es sind dies: Enthusiasmus, Hoffnung, Liebe, Dankbarkeit und Neugierde. Sie werden deshalb auch als Glücksstärken *(happiness strengths)* bezeichnet (Buschor et al., 2013).

Charakterstärken vs. Talente vs. Kompetenzen

Neben den Charakterstärken gibt es weitere Typen von Fähigkeiten: Talente sind Fähigkeiten, die uns irgendwie von Natur aus liegen – z. B. ein gutes Ballgefühl oder ein musikalisches Gehör. Kompetenzen sind Fähigkeiten, die wir uns durch eine Form von Training aneignen – z. B. Lesekompetenz oder Medienkompetenz (vgl. Niemiec, 2018). Die Unterscheidung zwischen diesen Typen von Fähigkeiten ist insofern nicht einfach, als dass Charakterstärken – ähnlich wie Talente – auch eine genetische Komponente haben können. Soziale Intelligenz hat wohl eine angeborene Seite (ist insofern also eine Art Talent) und lässt sich gleichzeitig trainieren (und findet sich unter den 24 Charakterstärken). Auch den vielen Kompetenzen liegen spezifische Charakterstärken zu Grunde. Um eine hohe Schreibkompetenz zu entwickeln, braucht es zum Beispiel die Charakterstärke Ausdauer, wahrscheinlich auch Kreativität (wenn man z. B. Kurzgeschichten schreibt) und wahrscheinlich auch Urteilsvermögen (wenn man z. B. Essays schreibt).

Für besonders Interessierte: Der VIA-IS Fragebogen
Fülle den VIA-IS Fragebogen auf https://www.viacharacter.org aus. Dieser Fragebogen ist frei verfügbar (und kann auch auf Deutsch beantwortet werden). Deine Ergebnisse kannst du danach als pdf herunterladen und für dich speichern. Mit deiner Teilnahme unterstützt du gleichzeitig die Charakterstärken-Forschung.

1. Was fällt dir auf, wenn du dein gesamtes Charakterstärken-Profil betrachtest?
2. Die ersten fünf Stärken sind deine Superstärken. Welche sind das bei dir? Inwiefern identifizierst du dich besonders stark mit genau diesen Stärken?
3. Findet sich auch eine (oder gar mehrere) der sogenannten Glücksstärken – Enthusiasmus, Hoffnung, Liebe, Dankbarkeit und Neugierde – unter deinen Superstärken?
4. Manchmal kombinieren sich zwei Superstärken zu einer Superduperstärke.[2] Wer etwa Führungsvermögen mit Bescheidenheit kombiniert, stellt sich nicht selbst in den Vordergrund, sondern dient einer grösseren Sache – ist also ein Super-Leader.[3] Findest du unter deinen Superstärken zwei, die sich auf ähnliche Weise gegenseitig positiv verstärken? Wie würdest du diese deine Superduperstärke nennen?
5. Welche Stärken machen dich besonders glücklich, wenn du sie (täglich) einsetzen kannst?
6. Über welche deiner Stärken möchtest du mehr erfahren?

---

[2] Der saloppe Begriff Superduperstärke stammt von mir und ich verwende ihn auch im schulischen Kontext. Im Fachjargon spricht man von den intrapersonalen Synergien (*intrapersonal synergies*), die sich aus einer gelungenen Kombination von Stärken ergeben. Analog gibt es noch die interpersonalen Synergien (*interpersonal synergies*), die entstehen, wenn zwei (oder mehr) Menschen sich in ihren Stärken besonders gut ergänzen (vgl. Niemiec, 2018, 99–100).

[3] Diese Stärken-Kombination ist auch ein wichtiger Bestandteil von „Servant Leadership", einem Konzept aus der Leadership-Forschung, welches einen herausragenden Führungsstil beschreibt (vgl. Bier, 2021).

Tab. 2.3. Die drei überfachlichen Kompetenzen gemäss Schweizer Lehrplan 21 (D-EDK, 2016)

Personale Kompetenzen	... die Fähigkeit, eigene Werte und Ziele zu verfolgen und sich selbst und das eigene Lernen reflektieren zu können.
Soziale Kompetenzen	... die Fähigkeit, zu kooperieren, Konflikte zu managen und mit Vielfalt umgehen zu können.
Methodische Kompetenzen	... die Fähigkeit, Probleme zu lösen und Informationen sachgerecht einordnen zu können.

2.2 Charakterstärken und verwandte pädagogische Ansätze

In der zeitgenössischen Pädagogik gibt es Ansätze, die eine gewisse Ähnlichkeit zu den 24 Charakterstärken aufweisen. Hier sind zwei davon:

Kompetenzorientierter Unterricht
Rezente Pädagogik-Programme im gesamten deutschsprachigen Raum haben die Entwicklung von Kompetenzen hervorgehoben (Reusser, 2014; Lederer, 2014). Dabei wird den sogenannten überfachlichen Kompetenzen eine hohe Bedeutung beigemessen. Diese gliedern sich grob in personale, soziale und methodische Kompetenzen. Gemäss dem Schweizer Lehrplan 21 beinhalten diese Kompetenzen gewisse Fähigkeiten – welche die Tab. 2.3. zeigt.

Letzten Endes unterscheidet der Schweizer Lehrplan genau genommen mehrere hunderte, ja tausende Kompetenzen (die sich an dieser Stelle unmöglich alle auflisten lassen). Kritiker:innen haben von Beginn an moniert, dass sich das Erreichen einer solchen Vielzahl von Kompetenzen in der schulischen Praxis nur sehr schwer überprüfen lässt (z. B. Keller, 2014).

Das 4 K-Modell des Lernens (21st Century Skills)
Das 4 K-Modell des Lernens (auch bekannt als 21st Century Life Skills) geht von vier Kompetenzen aus, die für Lernende in der Zukunft von herausragender Bedeutung sein sollen. Tab. 2.4. präsentiert die vier Kompetenzen mit einer knappen Erläuterung.

Das Modell wurde in den USA entwickelt. Es war das Ergebnis einer Umfrage, die die grösste amerikanische Lehrergewerkschaft unter (Wirtschafts-)Fachleuten gemacht hat. Sie wollte wissen, welche Fertigkeiten genau für den Erfolg im Leben im 21. Jahrhundert benötigt werden. Seither erfreut sich das Modell wachsender Popularität – auch im deutschsprachigen Raum. Die Pädagogische Hochschule Zürich hat zum Beispiel die Ausbildung der Lehrpersonen für Berufsfachschulen

Tab. 2.4. Die vier Kompetenzen nach dem 4 K-Modell (nach Pfiffner et al., 2021)

Kritisches Denken und Problemlösen (Critical Thinking annd Problem Solving)	... die Fähigkeit, komplexe Fragestellungen zu analysieren, Probleme aus verschiedenen Blickwinkel zu betrachten und innovative Lösungsvorschläge zu entwickeln.
Kommunikation (Communication)	... die Fähigkeit, Gedanken auszudrücken, präzise zu sprechen, eigene Positionen zu artikulieren, klare Anweisungen zu geben und andere durch die Kraft der Sprache zu überzeugen.
Kooperation (Collaboration)	... die Fähigkeit, sich mit anderen Menschen zu koordinieren, erfolgreich im Team zusammenzuarbeiten und qualitativ hochwertige Ergebnisse gemeinsam zu erzielen.
Kreativität und Innovation (Creativity and Innovation)	... die Fähigkeit, sich auf Probleme einzustimmen, mit Ideen schwanger zu gehen, originelle Einsichten zu generieren und die gewonnenen Lösungen auf ihre Machbarkeit zu prüfen.

komplett auf das 4 K-Modell umgestellt, sodass die neu ausgebildeten Lehrpersonen der nächsten Schüler:innen-Generation genau diese vier sehr wichtigen Soft Skills beibringen können (Sterel & Pfiffner, 2019).

Zum Nachdenken

1. Liste spontan fünf Charaktereigenschaften auf, die dich selbst gut beschreiben. Betrachte sodann die Liste mit den 24 Charakterstärken. Kannst du diese Eigenschaften in der Sprache der 24 Charakterstärken wieder erkennen? Und falls du anstatt Charakterstärken fachliche Kompetenzen genannt hast (z. B. guter Sprachenlerner, Excelsheet-Virtuose): Kannst du die dahinter liegenden Charakterstärken identifizieren?
2. Die formatio Privatschule arbeitet nur mit den 24 Charakterstärken und verwendet weder die höheren sechs Tugenden noch die drei Tugenden von Wissbegierde (Kopf), Fürsorge (Herz) und Selbstkontrolle (Hand). In wiefern ist es (nicht) sinnvoll, in der Schulentwicklung auf ein Modell der höheren Tugenden zu verzichten?
3. Welche der 24 Charakterstärken könnte man gezielt einüben, um die drei überfachlichen Kompetenzen des Schweizer Lehrplans bei jungen Menschen zu fördern?[4]

[4] Der Bildungswissenschafter Roland Reichenbach stellt eine lose Querverbindung zwischen Pestalozzis Bildungskonzept von Kopf, Herz und Hand und den drei überfachlichen Kompetenzen her (zit. in Lederer, 2014, 389). Mit diesem Hinweis hat man auch schon eine klare

4. Das 4 K-Modell lässt sich sehr leicht durch die Brille der 24 Charakterstärken lesen. Erfolgreiche Kommunikation setzt soziale Intelligenz voraus. Kollaboration ist das gleiche wie Teamwork. Kreativität ist – natürlich – Kreativität. Und kritisches Denken beinhaltet ein hohes Mass an Urteilsvermögen. Niemand würde – so meine ich – bestreiten, dass diese Fähigkeiten einen wichtigen Beitrag zu einem erfolgreichen Leben leisten können. Die viel interessantere Frage ist jedoch: Was heisst das für die restlichen 20 Charakterstärken, die nicht im Fokus der (berufs-)schulischen Persönlichkeitsbildung stehen? Sind diese einfach weniger wichtig? Warum?
5. Der deutsche Philosoph Julian Nida Rümelin macht sich für eine moderne humane Bildungspraxis stark und meint: „Tatsächlich erleben wir unter anderen Begriffen eine Renaissance der Tugenden, allerdings in einer Art von Schrumpfform als Kompetenzen oder *soft skills*.“ (Nida-Rümelin, 2013, 163) Inwiefern könnte diese harsche Kritik (nicht) berechtigt sein?

Antwort auf die obige Frage. Folglich wäre es relativ leicht, mit den 24 Charakterstärken ein praktikables Programm zur gezielten Förderung überfachlicher Kompetenzen zu entwickeln – wenn man ein solches Ziel denn wirklich ernsthaft verfolgen wollte.

Die Charakterstärken-Forschung 3

Seit die Liste mit den 24 Charakterstärken im Jahre 2004 erstmals präsentiert worden ist, hat die Forschung dazu zahlreiche interessante Erkenntnisse hervorgebracht, die zum einen ganz allgemein die Wichtigkeit der Charakterstärken für ein gutes Leben betonen und zum anderen erhellen, wie die Schule einen wichtigen Übungsplatz für die Kultivierung von Charakterstärken und mehr Wohlbefinden bieten kann. Hier einige zentrale Ergebnisse:

3.1 Charakterstärken und das gute Leben

- Viele Lebenskunst-Philosophien und Religionen sehen in der Ausbildung von Tugenden den Königsweg zu einem guten Leben – so etwa Aristoteles (vgl. Kristjansson, 2015), der Stoizismus (vgl. Pigliucci, 2020), Konfuzius (vgl. Van Norden, 2020), der Buddhismus (vgl. Flanagan, 2020), das Christentum (vgl. Grün, 2012). Die moderne Forschung bestätigt diese Idee insofern, als dass Studien in verschiedenen Ländern zeigen, dass es einen positiven Zusammenhang zwischen den einzelnen Charakterstärken und dem subjektivem Wohlbefinden gibt – und das auch bei Kindern und Jugendlichen (Weber, 2021).
- Es ist eine altehrwürdige Vorstellung, dass es wahrhafte menschliche Vorbilder gibt, welche dann etwa als Weise, Meister, Gurus oder Heilige verehrt worden sind. Die moderne Forschung stützt diese Idee der Existenz solcher charakterlicher Rollenmodelle. In einer Studie wurden lebende moralische, kreative und religiöse Vorbilder untersucht (welche als solche identifiziert werden konnten, weil sie verschiedene öffentliche Auszeichnungen erhalten hatten). Dabei zeigte

T. Mündle, *Potenzialentfaltung durch Positive Bildung*, essentials,
https://doi.org/10.1007/978-3-662-73125-3_3

sich, dass diese Menschen tatsächlich höhere Werte bei bestimmten Charakterstärken als der normale Bevölkerungsdurchschnitt hatten (Gander et al., 2024b).

- Auch die tradierte Auffassung, dass sich Tugenden gezielt durch Exerzitien oder Meditationsübungen formen lassen, findet heute eine vielfache empirische Bestätigung. So hat eine Studie klar belegt, dass sich durch ein Stärken-Training nicht nur das Wohlbefinden steigern lässt, sondern sich damit auch der Charakter formen lässt, indem bestimmte Charakterstärken nach einer gewissen Zeit messbar stärker ausgebildet worden sind (Gander et al., 2024a).

3.2 Charakterstärken und Schule

- Eine Studie hat gezeigt, dass Kinder und Jugendliche die höhere Werte bei den Charakterstärken erzielen, gleichzeitig zumeist über mehr Selbstwirksamkeit verfügen (Ruch et al., 2014). Da inzwischen bekannt ist, dass sich Charakterstärken tatsächlich ausbilden lassen, ist anzunehmen, dass durch eine Stärken-Schule die Selbstwirksamkeit von jungen Menschen auch nachhaltig gestärkt werden kann. Die Selbstwirksamkeit gilt dabei ganz allgemein als zentraler Faktor für eine mentale und körperliche Gesundheit und trägt unter anderem auch zu höherer Resilienz bei (Dittrich et al., 2018).
- Wer als Schüler:in das Gefühl hat, dass das Zeigen der eigenen Superstärken im schulischen Alltag tatsächlich erwünscht ist (z. B. Teamwork, Kreativität, Humor), berichtet über ein höheres Wohlbefinden (Wagner & Ruch, 2023b).
- Wer als Schüler:in die eigenen Superstärken an einem bestimmten Schultag tatsächlich zeigen konnte, verfügt am nächsten Morgen über ein höheres Wohlbefinden (Wagner & Ruch, 2023b).
- Aus der Forschung ist bekannt, wie die typischen Charakterstärken-Profile von Lehrpersonen, Schulleiter:innen und Sozialarbeiter:innen aussehen (Ruch & Wagner, 2016). Tab. 3.1. zeigt deren Signaturstärken.
- Zudem ist recht klar, welche Stärken für a.) die Leistung und b.) für das Wohlbefinden der Schüler:innen zentral sind. Mehrere Studien (vor allem auf der Sekundarstufe 1) haben rund zehn dieser Schulstärken zu Tage gefördert (Wagner, 2018; Wagner & Ruch, 2023b). Tab. 3.2 zeigt, wie genau die zehn Schulstärken einen Beitrag zum schulischen Wohlbefinden leisten.

Tab. 3.1 Die Signaturstärken von Lehrer:innen, Schulleiter:innen und Sozialarbeiter:innen (nach Ruch & Wagner, 2016).

Signaturstärken von Lehrer:innen	Signaturstärken von Schulleiter:innen	Signaturstärken von Sozialarbeiter:innen
Liebe zum Lernen	Führungsvermögen	Soziale Intelligenz
Sinn für das Schöne	Enthusiasmus	Spiritualität
Führungsvermögen	Hoffnung	Fairness
Bindungsfähigkeit	Ausdauer	Teamwork
Fairness	Kreativität	Kreativität

Tab. 3.2 Die zehn Schulstärken (nach Wagner, 2018; Wagner & Ruch, 2023b)

Die zehn Schulstärken		
Schulische Leistung plus schulische Zufriedenheit	Schulische Zufriedenheit plus positive Stimmung	Geringe Werte in negativer Stimmung
Liebe zum Lernen	Enthusiasmus	Authentizität
Hoffnung	Vorsicht	Soziale Intelligenz
Ausdauer	Selbstregulation	Teamwork
	Dankbarkeit	

Zum Nachdenken

1. Verschiedene Traditionen haben jeweils unterschiedliche Tugenden besonders hervorgehoben. Der Buddhismus etwa hält Mitgefühl für besonders wichtig; das Christentum betont Glaube, Liebe, Hoffnung; Aristoteles die praktische Weisheit. In der Positiven Psychologie heissen solche herausragenden Stärken auch Meta-Tugenden *(master virtues)* (Baumgardner & Crothers, 2009, 213–221; Kristjansson, 2015, 151–172). Welcher der 24 Charakterstärken würdest du den Sonderstatus einer Meta-Tugend zubilligen (oder gleich mehreren oder gar keiner)?
2. Die typischen Superstärken-Profile sind Durchschnittsergebnisse einer ganzen Berufsgruppe. Wie wichtig ist es, dass man als Lehrer:in (oder Schulleiter:in oder Schulsozialarbeiter:in) tatsächlich genau über diese Superstärken verfügt?
3. Dr. Lisa Wagner, die die wegweisenden Forschungsarbeiten zu den Schulstärken gemacht hat, spricht stets von „Schulstärken" – in Anführungszeichen. Dies tut sie deshalb, weil sie der Ansicht ist, dass die Schulstärken – so wie sie zum Schulglück der Schüler:innen beitragen – vor allem ein Abbild der Anforderungen sind, die die Schule *in ihrer derzeitigen Form* an junge Menschen stellt. Die Annahme dahinter lautet: Wenn das Bildungssystem radikal anders gestaltet würde und man etwa Kreativität über alles belohnen würde oder Sinn

für das Schöne einen herausragenden Stellenwert im Lehrplan bekäme, so würden all jene Schüler:innen, die genau diese Stärken hätten, auch die glücklicheren Schüler:innen sein, weil sie ihre Superstärken in diesem neuen Umfeld regelmässig ausleben könnten. Ist es tatsächlich plausibel anzunehmen, dass alternative Schulformen andere Schulstärken kultivieren und so zum Glück der jungen Menschen beitragen können? Wenn ja: Welche Stärken sollte die Schule der Zukunft vermehrt fördern – und so zu Schulstärken machen?

4 Vier pädagogische Konzepte zur Kultivierung von Charakterstärken

Aus diesen empirischen Daten könnte man – vielleicht etwas vorschnell – bereits gewisse Schlüsse für pädagogische Programme ableiten. Bevor wir uns mit der praktischen Umsetzung beschäftigen, wollen wir jedoch nochmals einen Schritt zurücktreten und an dieser Stelle vier bedeutsame Konzepte kennenlernen, die jeweils einen Aspekt des Charakterstärken-Lernens beleuchten. Erstens erklärt uns die prägnante Formel von *character 'caught', 'thaught', 'sought',* wie genau Charakterstärken-Lernen ablaufen kann. Zweitens macht das *Aware-Explore-Apply Modell* deutlich, wie eine schlüssige Didaktik für ein planvolles Charakterstärken-Lernen aussieht. Drittens erhellen die Konzepte des *Strengths Reframing & Strengths Nudging,* wie insbesondere Lehrpersonen Charakterstärken bei Schüler:innen zum Vorschein bringen können. Viertens führt uns die *Molding Clay vs. Watering A Plant*-Metapher vor Augen, dass in der Charakterstärken-Bildung zwei grundlegend verschiedene (aber einander nicht ausschliessende) Zielsetzungen verfolgt werden können – und dass sich daraus auch ganz unterschiedliche Blaupausen für Stärken-Schulen ergeben.

4.1 Character 'caught', 'taught', 'sought'

James Arthur und Kristjan Kristjansson haben eine einfache Formel für das Charakterstärken-Lernen gefunden – sie lautet: „character 'caught', 'taught', 'sought'" (Arthur & Kristjansson, 2022, 11). Gemeint ist damit, dass junge Menschen im schulischen Kontext immer auch von ihren Lehrpersonen Charakterstärken

T. Mündle, *Potenzialentfaltung durch Positive Bildung*, essentials,
https://doi.org/10.1007/978-3-662-73125-3_4

lernen und diese quasi auf sie abfärben *(character 'caught'*[1]*)*. Ein Lehrer, der etwa Freundlichkeit (eine Charakterstärke) im alltäglichen Umgang miteinander betont, wird seine Schüler:innen tadeln, wenn sie nicht respektvoll und höflich sind – und sie entsprechend zu freundlichen jungen Menschen erziehen. Albert Bandura nannte dies das Lernen am Modell (Raithel et al., 2009). Diese Charakterstärken-Entwicklung erfolgt implizit – vielleicht sogar auch für die Lehrperson selbst, die ihre eigenen Erziehungsmethoden nicht durch die Brille der 24 Charakterstärken analysiert hat. Um ein weiteres Beispiel zu nennen: Eine Biologie-Lehrerin mag glauben, dass sie in ihrem Unterricht all den fachlichen Stoff, den der Lehrplan vorsieht, lehrt; tatsächlich tut sie immer mehr: Sie staunt mit ihren Schüler:innen über die winzigen und bizarr aussehenden Lebewesen, die sich unter dem Mikroskop erkennen lassen; sie zeigt sich fasziniert vom labilen-stabilen Zusammenspiel aller Organismen in einem Ökosystem; sie ist verblüfft, wie sich aus einer befruchteten Eizelle über viele verschiedene Zellstadien hinweg allmählich ein menschlicher Embryo entwickelt, etc. In der Sprache der Charakterstärken würde man sagen: Indem sie unentwegt ihren Sinn fürs Schöne (eine Charakterstärke) und ihre Neugierde (eine Charakterstärke) zeigt, lehrt sie im Grunde auch, wie der Blick durch die Brille einer Naturwissenschafterin die Welt aufs Neue verzaubern kann.

Der zweite Schritt ist die aktive Vermittlung eines Charakterstärken-Vokabulars *(character 'taught')*. Dieser Unterricht kann auf vielfältige Weise erfolgen. Die Liste der 24 Charakterstärken kann den Schüler:innen dabei helfen, sich selbst besser zu verstehen und andere Menschen zu analysieren. Die Schüler:innen können diese Begrifflichkeiten im Rahmen von Glücksunterricht, aber auch im Literaturunterricht (z. B. durch eine Charakter-Analyse von Roman-Figuren) einüben. So erreichen die Schüler:innen durch den regelmässigen Gebrauch dieses Vokabulars allmählich einen hohen Grad an *Virtue Literacy* (Arthur & Kristjansson, 2022, 10) – zu deutsch etwa: Charakterstärken-Kompetenz.

Zur Meisterschaft in Sachen Charakterstärken-Verständnis hat es jemand gebracht, wenn er dazu neigt, auf dieses Vokabular aktiv zurückzugreifen, um alltägliche Situationen zu verstehen, um tugendhafte Handlungen zu setzen, um sich über die eigene Charakterentwicklung Gedanken zu machen, um eine eigene Übungspraxis (z. B. Tagebuchschreiben, Meditation) zu etablieren oder in

[1]Die Phrase *character ‚caught'* lässt sich nur schwer ins Deutsche übersetzen. Im Englischen fängt man sich zum Beispiel eine Erkältung ein (*to catch a cold*). In diesem Sinne „fängt" man sich auch Charakterstärken von anderen „ein". Man sieht in den Menschen, die Stärken zeigen, ein Vorbild, orientiert sich (vielleicht unbewusst) an ihnen und versucht mitunter, auch ihr (mutiges, kreatives,weises, etc.) Verhalten nachzuahmen.

ausserschulischen Projekten (z. B. Freiwilligenarbeit, Vereinstätigkeit) sich zu engagieren. Dies ist der dritte Schritt: Das aktive Anstreben eines guten Charakters *(character 'sought')*.

Eine wichtige Erkenntnis

Diese Beschreibung des Charakterstärken-Lernens zeigt vor allem eines auf: Schulen können Tischgruppen-Unterricht machen oder nicht. Sie können Spanisch-Lektionen anbieten oder nicht. Sie können iPad-Klassen haben oder nicht – aber sie können nicht wählen, ob sie eine Stärken-Schule sein wollen oder nicht. Im Grunde haben immer schon alle Schulen Charakterentwicklung gemacht, wenn auch vielleicht nicht bewusst und ohne die Liste der 24 Charakterstärken. Jede Schule wäre also immer schon eine Stärken-Schule gewesen, in denen ein Lehrer mit seinem Enthusiasmus (eine Charakterstärke) für Kunstgeschichte die Schüler:innen angesteckt hat; eine andere Lehrerin durch hohe Lernansprüche an sich selbst und die Lernenden ein hohes Mass an Selbstdisziplin (eine Charakterstärke) eingefordert hat, etc. Und umgekehrt hätten auch die Schüler:innen immer schon eine Art Charakterstärken-Unterricht „gelehrt": Wenn etwa ein Schüler mit einem starken Sinn für Fairness (eine Charakterstärke) darüber diskutieren wollte, ob die Note wirklich gerecht zustande gekommen ist; oder wenn eine Schülerin mit ihrem Humor (eine Charakterstärke) für eine ausgelassene Stimmung im Klassenzimmer gesorgt hat, etc. Schritt eins in Richtung Stärken-Schule wäre demnach immer schon getan.

Zum Nachdenken

1. Auf die eigene Schulzeit zurückblickend: Welche „ansteckenden" Charakterstärken haben meine (Lieblings-)Lehrpersonen gehabt? Und haben sie mich damit vielleicht auch in meiner Persönlichkeit geprägt?
2. Und falls man selbst unterrichtet: Welche Charakterstärken vermittle ich durch die Art, wie ich meine Lektionen gestalte und mit meinen Schüler:innen interagiere?
3. Und falls man selbst unterrichtet: Welche Charakterstärken werden an der eigenen Schule besonders betont? Gibt es ausserschulische Aktivitäten, Sonderwochen, Austauschprogramme, etc. die vielleicht gewisse Charakterstärken (soziale Intelligenz, Sinn fürs Schöne, etc.) gezielt fördern? Lässt sich vielleicht gar in der täglich gelebten Schulkultur ein klares Stärken-Profil erkennen, die sich in drei, vier oder fünf Charakterstärken präzise beschreiben lässt?
4. Die Idee des *character 'caught'* zeigt einen wichtigen Weg des Stärken-Lernens: Stärken färben auf andere ab. Würde es folglich nicht genügen, wenn die Lehrpersonen das Konzept der 24 Charakterstärken kennenlernen *(cha-*

racter 'taught') und es selbst gezielt anwenden *(character 'sought')* würden – ohne es explizit den Schüler:innen zu lehren? Anders gesagt: Würde es nicht genügen, impliziten Charakterstärken-Unterricht zu machen, indem die Lehrpersonen als echte Vorbilder die Charakterstärken einfach vorleben (vgl. Waters, 2021)?

4.2 Das Aware-Explore-Apply Modell

Für das bewusste Aneignen der 24 Charakterstärken ist von Ryan Niemiec das *Aware-Explore-Apply Modell* (kurz: AEA-Modell) vorgeschlagen worden (Niemiec, 2018, 58–62). Dabei handelt es sich um drei Schritte, die den natürlichen individuellen Lernprozess abbilden und an denen sich auch ein Charakterstärken-Unterricht orientieren kann. Zunächst wird ein stärkeres Bewusstsein für die Bedeutsamkeit der persönlichen Superstärken im Besonderen und/oder der 24 Charakterstärken im Allgemeinen geschaffen *(Aware)*. eine vertiefte Auseinandersetzung führt dazu, dass man seine eigenen Stärken intensiver reflektiert und/oder Stärken bei anderen leichter erkennen und auch wertschätzen kann *(Explore)*. Schliesslich kommt es dazu, dass man sein Stärken-Wissen auch irgendwie anwendet *(Apply)* – zum Beispiel indem man sich vornimmt, die Stärke Humor bewusst weiter auszubauen und/oder man als Lehrperson Schüler:innen in ihren Stärken aktiv bestärkt.

Fallbeispiel formatio: Charakterstärken-Workshop für neue Lehrpersonen
Teil des Onboarding-Prozesses an der formatio Privatschule ist ein Charakterstärken-Workshop für alle neuen Lehrpersonen. Dieser Workshop folgt dem AEA-Modell. Ich vermittle zunächst die wichtigsten Basics zu den 24 Charakterstärken *(Aware)*. Dann machen die Teilnehmer:innen in kleinen Gruppen eine Strength Spotting-Übung, in der sie zum Beispiel die persönlichen Stärken von berühmten Personen bestimmen sollen *(Explore)*. Sodann dürfen alle den VIA-IS Fragebogen ausfüllen und mehr über die eigenen Superstärken herausfinden *(Explore)*. Schliesslich führen wir eine gemeinsame Übung durch, die Stärken-Justierung heisst. Hierbei überlegt sich jede/r ganz konkret, wie er/sie in Zukunft mehr von den eigenen Superstärken in den Unterricht einbringen kann *(Apply)*.

Zum Nachdenken

1. Ryan Nimiec meint, dass das AEA-Modell ein zyklischer Prozess ist, der sich im Grunde selbst aufrecht erhält (Niemiec, 2018, 62). Stimmt das auch (für dich)?
2. Manche Menschen scheinen stärker im Explore-Schritt zu verharren („Darüber muss ich noch mehr lesen!"). Andere gehen schnell in den Apply-Modus über („Das werde ich meinen Schüler:innen auch beibringen!"). Welcher „Typ" bist du, wenn es um das Charakterstärken-Lernen geht?
3. Wie, glaubst du, kannst du dein Interesse an den 24 Charakterstärken wach halten?
4. Gibt es vielleicht eine Person (aus deinem privaten oder beruflichen Umfeld), mit der du in Sachen Stärken-Entwicklung gerne zusammen arbeiten würdest? Mit wem? In welcher Form? Wie ergänzen und verstärken sich eure Stärken gegenseitig?

4.3 Strengths Reframing & Strengths Nudging

Die Fremdeinschätzung in Sachen Charakterstärken ist überaus wertvoll – weil sie (jungen) Menschen (Super-)Stärken bewusst machen kann. Ryan Niemiec spricht von *Strengths Reframing*[2] (vgl. Niemiec, 2024a, 129). Das Bild, das jemand von seinen eigenen Stärken hat, wird somit ins rechte Licht gerückt. Die Erfahrung lehrt, dass (junge) Menschen tatsächlich einen blinden Fleck in Bezug auf ihre Charakterstärken haben können (vgl. Niemiec, 2024b, 90). Zum Beispiel mag ein Schüler selbst nicht klar sehen, wie sehr er über Kreativität verfügt. Dies ist auch deshalb gut möglich, weil gerade das Ausüben von Signaturstärken der jeweiligen Person besonders leicht fällt („Das war doch nicht kreativ. So eine Kurzgeschichte kann sich doch jeder ausdenken!").

Das Nachdenken über Charakterstärken, wie es etwa von Ryan Niemiec in der Positiven Psychologie paradigmatisch vertreten wird, folgt einer realistischen Konzeption von Charakter und Individualität: Die Kombination aus rund fünf Signaturstärken definieren einen Menschen in seiner Einzigartigkeit; manchmal täuscht man sich in seiner Selbsteinschätzung und die Fremdeinschätzung ist akkurater, etc. Demgegenüber geht der Philosoph Mark Alfano von einer stärker sozial-

---

[2] Genau genommen spricht Niemiec ebenda von *strengths reframe*. Nachdem das psychologische Konzept des Reframing im Deutschen durchaus bekannt ist, rede ich hier von Reframing.

konstruierten moralischen Tugendhaftigkeit aus.[3] Er vergleicht dazu die Charakterstärken-Erziehung mit dem aus den Wirtschaftswissenschaften stammenden Konzept des *Nudging:* Menschen werden erst zu humorvollen, gerechtigkeitsliebenden, etc. Menschen, wenn man sie so (wiederholt) benennt (vgl. Alfano, 2013, 11). Auf die Schule angewandt hiesse diese Idee: Wenn ein Lehrer die Charakterstärke Freundlichkeit *(kindness)* an einer Schülerin hervorhebt, weil sie ihm zum Beispiel gerade dabei geholfen hat, den Beamer zum Laufen zu bringen, so etikettiert er sie absichtlich mit einer Stärke, die sie vielleicht im Grunde lediglich schwach ausgeprägt hat. Wie ein Klebezettel mag dabei das positive Etikett an der Person haften bleiben – und im besten Fall kann und will die Schülerin sich auf einmal selbst als herzensguten Menschen sehen und handelt in Zukunft entsprechend! Alfano spricht deshalb auch von einem Tugend-Etikettier-Effekt *(virtue-labeling effect)* (Alfano, 2013, 96).

Zum Nachdenken

1. Zum Konzept des Strengths Reframing: Kennst du jemandem, der einen blinden Fleck in Bezug auf eine seiner (Super-)Stärken hat?
2. Zum Konzept des Strengths Nudging: Die Strategie des Nudging wird manchmal als manipulativ erachtet – weil so Menschen auf subtile Weise zu einer Verhaltensänderung gebracht werden. Findest du diese Methode auch moralisch zweifelhaft? Warum (nicht)?

4.4 Molding Clay vs. Watering A Plant

Mark Linkins und Kolleg:innen haben zwei grundlegende pädagogische Ansätze in der Charakterstärken-Erziehung unterschieden (Linkins et al., 2015). Der Molding Clay-Ansatz hebt die Gemeinsamkeiten hervor und betont, dass für alle Lernenden die Ausbildung von ganz bestimmten Charakterstärken eine hohe Priorität geniessen sollte. Der Watering A Plant-Ansatz betont demgegenüber die Einzigartigkeit

[3] Alfano spricht von „factitious virtue"(Alfano, 2013, 13) - was sich recht ungenau mit künstlicher Tugendhaftigkeit übersetzen lässt. Wie er anmerkt, stammt das Adjektiv *factitious* von lateinisch *facere* (tun, machen) ab und ist dem Wort *fictitious* (fiktiv) sehr nahe. Und genau darum geht es ihm: Obwohl wir nicht wirklich tugendhaft sind, kann der strategische Einsatz von Fiktionen („Das war wirklich mutig von dir!") dazu führen, dass diese fiktive Tugend tatsächlich realisiert wird. Weil sich dieser Schlüsselbegriff von Alfano so schwer ins Deutsche übertragen lässt, spreche ich lieber von Strengths Nudging – eine Wortkombination, die sich so bei ihm nicht findet, jedoch diesen Lern-Prozess sehr gut beschreibt.

jedes Menschen und will entsprechend individuelle Charakterstärken fördern.[4] Im Folgenden wollen wir die Stärken und Schwächen dieser beiden Zugänge genauer anschauen.

A. Der Molding Clay-Ansatz

Der Molding Clay-Ansatz vergleicht Schüler:innen mit Ton-Klumpen, die alle auf die gleiche Weise in eine bestimmte Gefäss-Form gebracht werden wollen. Demnach gibt es schulrelevante Stärken, auf die es sich stets zu fokussieren lohnt. Die Vorstellung von schulrelevanten Stärken findet sich unter anderem auch in einzelnen pädagogischen Förderprogrammen:

- In den sogenannten SEL-Programmen (SEL = soziales und emotionales Lernen) werden etwa personale und soziale Kompetenzen gezielt gefördert. Durch die Brille der 24 Charakterstärken betrachtet, handelt es sich dabei um intensive Übungsformate für Selbstregulation und soziale Intelligenz.
- Zudem gibt es im angloamerikanischen Raum Lehrwerke, die gezielt Ausdauer *(Grit)* und damit den Lernerfolg fördern wollen (z. B. Baruch-Feldman, 2017). Im Rahmen eines solchen Unterrichts können neue Denkweisen – wie etwa ein Growth Mindset – gelehrt werden, welche Misserfolge nicht mit mangelndem Talent erklären, sondern darin Herausforderungen erkennbar machen, die sich meistern lassen (z. B. Schleider et al., 2021). Aus einer Charakterstärken-Perspektive betrachtet wird in solchen Programmen, eine optimistische Grundhaltung gelehrt, welches das Vertrauen in die eigenen Kräfte betont und die eigene Selbstregulation verbessert und so zu mehr Ausdauer beim Lernen führt, was sich wiederum in besseren akademischen Leistungen niederschlagen wird.

Gleichzeitig fungiert der Molding Clay-Ansatz oft als implizites oder explizites Leitbild einer Schule oder einer bestimmten Schulform. Hier einige Beispiele zur Veranschaulichung:

- Die KIPP-Schulen in den USA haben es sich zum Ziel gesetzt, jungen Menschen aus schwächeren sozioökonomischen Schichten einen höheren Bildungsabschluss zu ermöglichen. Das Akronym KIPP steht dabei für *Knowledge is Power Program.* Gleichzeitig haben die Initiatoren ein pädagogisches Konzept entworfen, mit welchem sie genau sieben der 24 Charakterstärken gezielt kulti-

[4] Eine ähnliche Zweiteilung findet sich übrigens im MBSP-Programm: Entweder man fokussiert auf die eigenen Charakterstärken (Authentizität) oder man kultiviert alle Stärken (Edelsinn) - vgl. Niemiec, 2024, 116–117.

vieren wollen, da diese den Grundstein für ein zufriedenes und erfolgreiches Schulleben legen sollen. Diese sind: Neugierde, Dankbarkeit, Selbstdisziplin, Ausdauer, soziale Intelligenz, Optimismus und Enthusiasmus (vgl. Green et al., 2021, 30).

- Die klassische Vorstellung einer gymnasialen Bildung ist es, dass der junge Mensch eine möglichst breite Allgemeinbildung erhalten soll. Und Lernende, die in allen Fächern brillieren, dürfen demnach als vorbildlich gebildet gelten. Durch die Brille der Charakterstärken betrachtet könnte man vermuten, dass hier vor allem Stärken wie Neugierde und Liebe zum Lernen im Vordergrund stehen. Diese Annahme findet eine Stütze durch die empirische Forschung, die gezeigt hat, dass „SchülerInnen an Gymnasien (…) signifikant höhere Werte in intellektuellen Stärken auf(weisen) als SchülerInnen an Sekundarstufen" (Ruch & Wagner, 2013, 13). Zu den intellektuellen Stärken zählen natürlich sowohl Neugierde als auch Liebe zum Lernen, und ausserdem noch Kreativität und Sinn fürs Schöne. Dass diese beide letzteren Stärken in einem gymnasialen Kontext öfters eingeübt werden, ist durchaus nachvollziehbar. Man denke etwa an das Lesen von literarischen Texten, Kunstgeschichte-Unterricht, etc.
- Das Jubilee Center for Character and Virtues der Universität Birmingham propagiert demgegenüber einen ganzheitlichen Ansatz der Charakterbildung für Schulen, welcher nicht nur intellektuelle Tugenden *(intellectual virtues)* umfasst, sondern zusätzlich moralische Tugenden *(moral virtues),* bürgerliche Tugenden *(civic virtues)* und Handlungstugenden *(performance virtues)* pflegen will (Arthur & Kristjansson, 2022). Die einzelnen Bausteine, die zu diesen Gross-Tugenden einen Beitrag leisten, sind wiederum Charakterstärken wie etwa Neugierde, Urteilsvermögen, Mut, Dankbarkeit, Bescheidenheit, Ausdauer, etc. Auch wenn die Stärken-Liste des Jubilee Center nicht vollkommen ident mit der Liste der 24 Charakterstärken ist, so zeigt sie doch beispielhaft, wie ein holistisches Charakterbildungsprogramm aussehen kann.

B. Der Watering A Plant-Ansatz

Der Watering A Plant-Ansatz hebt die Wichtigkeit einer individuellen Charakterstärken-Förderung hervor. Dieser Ansatz unterscheidet sich von der traditionellen Vorstellung schulischer Individualisierung, gemäss der sich Schülerinnen und Schüler fachliches Wissen in einem dem einzelnen angemessenen Tempo erreichen sollen (vgl. Rabenstein et al., 2018). Im Gegensatz geht es hier um Potenzialentfaltung im Hinblick auf die eigenen Stärken und damit um eine grundlegende Wertschätzung menschlicher Vielfalt. Die grosse Chance, die sich mit diesem Ansatz verbindet, lässt sich so ausdrücken: Junge Menschen erhalten während ihrer Schulkarriere die Möglichkeit, herauszufinden, welche Charakterstärken sie in ihrem Kern ausmachen. Ein klares Wissen über die persönlichen Stärken erhöht das Selbst-Bewusstsein – und hilft unter anderem zu erkennen, welchen (beruflichen) Lebensweg man einschlagen könnte. Für die Lehrpersonen eröffnet die Kenntnis der 24 Charakterstärken die Möglichkeit, ihre Schüler:innen als einzigartige Individuen mit ganz eigenen Stärken und Potenzialen wahrzunehmen und entsprechend zu fördern. Auch der Watering A Plant-Ansatz kann im Grossen (als gesamtschulisches Leitbild) oder im Kleinen (in Form von bestimmten Unterrichtseinheiten) durchgeführt werden.

- Die formatio Privatschule hat das Motto „Stärken stärken“ und fördert die persönlichen Stärken bei Lehrpersonen und Schüler:innen auf systematische Weise. Zu dieser offensiven Stärken-Strategie gehört, dass die Schüler:innen schon beim Eintritt in die Schule ihre eigenen Superstärken reflektieren und von allen Lehrpersonen im Schulgang gut sichtbar ein individueller Stärken-Steckbrief aufgehängt ist (Dazu später mehr).
- Die Gymnasiast:innen der formatio Privatschule können ihre eigenen Stärken zudem im Rahmen des Spezial-Fachs „Persönliche Herausforderung“ entdecken und ausleben. Zwei Stunden pro Woche können sie so einem selbst gewählten Herzensthema widmen und das auch ausserhalb des Schulgebäudes. Der eine mag einen Naturfilm mit einer Drohne drehen (Charakterstärke Sinn fürs Schöne), die andere mag ein Clicker-Training mit ihrem Hund machen (Charakterstärke soziale Intelligenz), etc.
- Das Konzept der *dual purpose lesson* schärft das Bewusstsein für Charakterstärken-Differenzierung im Unterricht. Die Grundidee hierzu ist denkbar einfach: Jede Fach-Lektion ist gleichzeitig eine Stärken-Lektion. Somit kann die Lehrperson in der Unterrichtsplanung auch berücksichtigen, welche Stärke(n) sie durch ihre Art der didaktischen Aufbereitung des Stoffs mitvermittelt (Dazu später mehr).

Vier wichtige Erkenntnisse

Die obigen Ausführungen zu den zwei Ansätzen Molding Clay vs. Watering A Plant enthalten vier wichtige Erkenntnisse, die an dieser Stelle abermals hervorgehoben werden sollen:

1. Wenn Kinder und Jugendliche spezifische Entwicklungsaufgaben durchlaufen, einfach weil sie Kinder und Jugendliche sind (vgl. Eschenbeck & Knauf, 2018) und sich diese Entwicklungsaufgaben durch Übungsprogramme von bestimmten Charakterstärken (soziale Intelligenz, Selbstregulation, etc.) gezielt fördern lassen, so sind solche Programme prinzipiell eine gute Sache.

2. Alle Schulen scheinen am Ende Stärken-Schulen zu sein, egal ob sie sich explizit auf die 24 Charakterstärken beziehen oder nicht. Vielleicht ist es also besser ein explizites Charakterstärken-Programm – inklusive eines zur Schule passenden Leitbilds – zu entwickeln.
3. Stärken-Schulen, die sich auf wenige bestimmte Charakterstärken fokussieren, sollten sich bewusst sein, dass es damit viele weitere Charakterstärken gibt, die kaum oder wenig Berücksichtigung finden. Dies kann als ein ernsthaftes Problem gesehen werden, weil zahlreiche Schüler:innen somit ihre persönlichen Stärken nur selten ausleben können und sie somit weniger Schulglück erleben.[5]
4. Abschliessend ist es wichtig zu betonen, dass sich der Molding Clay- und Watering A Plant-Ansatz nicht gegenseitig ausschliessen. Eine Schule kann eine oder mehrere Stärken als für alle verbindlich hervorheben (z. B. Freundlichkeit im alltäglichen Umgang miteinander, Ausdauer beim Lernen) und gleichzeitig eine individuelle Stärken-Förderung vorantreiben.

Zum Nachdenken

1. Nora Blum macht sich in ihrem Buch *Radikale Freundlichkeit* für diese eine Charakterstärke stark und wirbt insbesondere auch für eine „freundliche Arbeitskultur“ (Blum, 2025, 156). In den USA gibt es seit kurzem Anstrengungen, Schulen durch eine Kultur der Freundlichkeit *(culture of kindness)* umfassend zu transformieren (Brower, 2025). Wenn du ein Programm zur Förderung einer bestimmten Stärke für alle vorschlagen müsstest, welche Stärke würdest du herausgreifen? Und wie würde das Programm aussehen?
2. Wenn du ein Programm zur Förderung individueller Stärken machen solltest, wie würdest du das anstellen?
3. Welches der oben beschriebenen Programme einer Stärken-Schule findest du besonders attraktiv? Und welches erscheint dir zweifelhaft? Warum?
4. Welche fünf Charakterstärken müsste deine Wunsch-Stärken-Schule in ihrem Leitbild haben, damit du wirklich gerne dort arbeiten würdest?
5. Betrachte abermals die Charakterstärken deiner Wunsch-Stärken-Schule. Wie gut passen diese Stärken zu deinen eigenen Signaturstärken?
6. Die empirische Forschung hat rund zehn Schulstärken identifiziert, welche zu hoher Schulzufriedenheit und tollen akademischen Leistungen führen. Es sind dies: Liebe zum Lernen, Hoffnung, Ausdauer, Tatendrang, Vorsicht, Selbst-

[5] Diese Schlussfolgerung scheint mir insofern berechtigt, als aus der Forschung zu Signaturstärken am Arbeitsplatz bekannt ist, dass, wer mehrere seiner Stärken jeden Tag zeigen kann, seinen Job als höchst sinnvoll erlebt (Harzer & Ruch, 2012).

regulation, Dankbarkeit, Authentizität, soziale Intelligenz, Teamwork. Wenn man wirklich eine Glücksschule schaffen möchte, wäre es da nicht das einfachste, die zehn Schulstärken zum Leitbild der eigenen Schulkultur zu machen?

7. Die empirische Forschung hat das allgemeine Stärkenprofil von Lehrpersonen offen gelegt. Menschen in diesem Beruf zeichnen sich demnach durch Liebe zum Lernen, Sinn fürs Schöne, Führungsvermögen, Bindungsfähigkeit und Fairness aus. Sollten diese Stärken über gezielte Weiterbildungen (z. B. Classroom Management für mehr Führungsvermögen, etc.) weiter gefestigt werden (Molding Clay-Ansatz)? Oder wäre nicht eine bunte Schule wünschenswert, in der höchst unterschiedliche Lehrer-Persönlichkeiten unterrichten und jeder versucht, das bestmögliche Lehrer-Selbst zu entwickeln (Watering A Plant-Ansatz)?

Zur gesamtschulischen Implementierung der 24 Charakterstärken

5

5.1 Die Strategie: Learn it, Live it, Teach it, Embed it

Zur Implementierung der 24 Charakterstärken gibt es keine One-Size-Fits-All Lösung. Jede Schule wird wohl ihren eigenen Weg finden müssen, wie sie sich zu einer Stärken-Schule entwickeln kann. Wer fühlt sich hauptverantwortlich für dieses Schulentwicklungsprojekt? Wie sehr identifiziert sich das Schulmanagement mit diesem Projekt? Wie viel Zeit gibt es, um die Lehrpersonen in das Konzept der 24 Charakterstärken einzuführen? Erhalten am Anfang alle diese Einführung oder doch nur ein Kern-Team? Gibt es vielleicht zusätzlich eine begleitende Unterstützung von aussen, etwa in der Person eines positiv-psychologischen Transformationscoaches, der diese Art von Schulentwicklung professionell begleitet? Etc. Meine persönliche Erfahrung ist: Aller Anfang ist schwer. Und auch: Darum ist es so wichtig anzufangen, weil dann wird es immer leichter!

Für die erfolgreiche Entwicklung einer Schulkultur, die alle 24 Charakterstärken beinhaltet,[1] bietet sich jedenfalls die aus der Positiven Bildung bekannte Strategie des *Learn it, Live it, Teach it, Embed it* an. Dieses Vorgehen wurde ursprünglich vorgeschlagen, um Bildungseinrichtungen zu PERMA-Schulen umzugestalten (vgl. Hoare et al., 2017; auch Lichtinger, 2023). So lassen sich analog vier Schritte zur Etablierung einer Stärken-Schule formulieren: Lerne das Konzept der 24 Charakterstärken, lebe es, unterrichte es, bette es ein. Dabei handelt es sich weniger um einen strikte Abfolge – obwohl das Erlernen der Grundlagen natürlich

[1] Der hier gemachte Vorschlag zur Implementierung bezieht sich auf die Arbeit mit allen 24 Charakterstärken. Wer ein schulisches Leitbild mit wenigen ausgewählten Charakterstärken entwickeln möchte (wie etwa die KIPP-Schulen), muss natürlich anders vorgehen.

T. Mündle, *Potenzialentfaltung durch Positive Bildung*, essentials,
https://doi.org/10.1007/978-3-662-73125-3_5

am Anfang steht –, als vielmehr um vier „Handlungsfelder“ (Lichtinger, 2023, 10), die zur Schulentwicklung immer wieder und von unterschiedlichen Akteuren genutzt werden können.

Fallbeispiel formatio: Die Entwicklung einer Stärken-Schule

Als Chief Happiness Officer der formatio bekam ich im Schuljahr 2017/2018 den Auftrag, die formatio Privatschule zu einer positiv-pädagogischen Institution weiterzuentwickeln. Obwohl es damals bereits mit der Geelong Grammar School ein bekanntes Beispiel für eine PERMA-Schule gab, dachte ich, dass es besser wäre, mit der Liste der 24 Charakterstärken zu arbeiten – einfach weil die formatio von jeher das Motto „Stärken stärken“ gehabt hatte. Anfangs machte ich mir sehr viele Gedanken über den Prozess der „richtigen“ Implementierung des 24 Charakterstärken-Konzepts. Rückblickend erkenne ich die grosse Stärke der *Learn it, Live it, Teach it, Embed it*-Strategie. Sie enthält im Grunde ein agiles Moment, das dem organischen Wachstum einer Schulkultur (und dem persönlichen Wachstum der darin lebenden Menschen) sehr entgegenkommt. Ich begann – natürlich – mit einem Charakterstärken-Workshop für alle Lehrpersonen und verfolgte dann im ersten Jahr ein Programm, das den Titel „Charakterstärken sichtbar machen“ trug *(Learn it)*. Es gab auf einmal überall im Schulhaus Poster der 24 Charakterstärken – und ich verschickte jeden Montag per Email eine Charakterstärken-Karte mit einem klaren Angebot zu einer Charakterstärken-Übung – z. B. „Enthusiasmus: Hör am Morgen vor der Arbeit deine Lieblingsmusik und starte bestens gelaunt in den Tag. – Zum Nachdenken: Musik ist für viele Menschen ein Energiespender. Welche anderen Energiespender hast du noch?“, etc. *(Learn it)*. Die Lehrpersonen reagierten unterschiedlich. Einige schrieben mir kurze Emails zurück: „Das mache ich ja eh schon – Rock,n‘Roll never dies!“ *(Live it)*. Zwei Sprachlehrpersonen wollten bald selbst die Charakterstärken im Literaturunterricht verwenden *(Teach it)* – also organisierte ich einen Workshop dazu *(Learn it)*. Der Sekundarstufenleiter entschied, dass jede Klasse am Montag Morgen bei der Schulversammlung eine wöchentliche Charakterstärken-Aufgabe bekommen sollte *(Embed it)*. Die Gesamtschulleiterin hatte irgendwann die Idee, dass die persönlichen Superstärken bei den Mitarbeitendengesprächen ein Thema sein müssen *(Embed it)*. Dann kam der Gedanke auf, dass wir eine Wall of

Gratitude im Lehrerzimmer haben könnten – wo dann tatsächlich sehr viele Lehrpersonen auf Postkarten anderen Kolleg:innen danke sagten: „Liebe Leandra, danke für den Kuchen!♡", „#techhelp-Mary, Danke dass du den Informatikraum mit grosser Ausdauer verkabelt und bescreent hast", etc. *(Live it)*. Kurz gesagt lässt sich festhalten: Es sind immer einzelne besonders engagierte Lehrer:innen und Schulleiter:innen (und irgendwann auch Schüler:innen) gewesen, die sowohl das Tempo der Weiterentwicklung als auch die Art der durchgeführten Projekte mit geprägt haben. Und das ist bis heute so.

5.2 Acht Tipps

Da jede Schule anders ist, macht es keinen Sinn, einen Schritt-für-Schritt-Plan zur Entwicklung einer Stärken-Schule zu formulieren. Stattdessen möchte ich hier acht Tipps geben, wie sich ein klarer Stärken-Fokus etablieren lässt:

Tipp 1: Onboarding Workshop zu den 24 Charakterstärken
Das Leitungsteam und/oder die Lehrpersonen müssen zunächst mit dem Charakterstärken-Konzept vertraut gemacht werden. Dazu bietet sich ein Workshop an, der die Grundlagen erklärt. Einfache Übungen können verwendet werden, um Schritt für Schritt eine grössere Vertrautheit mit den 24 Charakterstärken zu erlangen und zudem die unmittelbare Relevanz für den schulischen Alltag erkennbar zu machen. Ein zentrale Einsicht ist das Wissen um die eigenen Superstärken, die sich mithilfe des VIA-IS Fragebogens ermitteln lassen. Der Workshop-Leitende sollte zudem das Angebot machen, etwaige Fragen zu den Ergebnissen des Fragebogens zu beantworten. Je nach dem kann diese Q&A-Session individuell privat oder offen in der Gruppe durchgeführt werden. Diese Gespräche sind eine gute Gelegenheit, um das Interesse am Thema Charakterstärken weiter zu erhöhen. Folgende Übungen haben sich zum Einstieg bewährt, weil sie die Praktikabilität des Charakterstärken-Konzepts klar vor Augen führen:

- Charakterstärken 360° (siehe Anhang)
- Bessere Menschenkenntnis dank Charakterstärken (siehe Anhang)
- Charakterstärken Justierung (siehe Anhang)

Tipp 2: Charakterstärken in den Schulräumen sichtbar machen
Um die 24 Charakterstärken dauerhaft zu etablieren, ist es wichtig, diese im Schulalltag sichtbar zu machen. Hierfür gibt es viele Möglichkeiten. Anbei sind zwei Beispiele:

- Ein Charakterstärken-Poster kann in verschiedenen Räumen aufgehängt werden, etwa im Lehrerzimmer, im Klassenzimmer, am Anschlagbrett, etc. (siehe Poster im Anhang).
- Bestimmte Räume können mit gewissen Charakterstärken etikettiert werden. So wird sichtbar, dass an diesen Orten ganz bestimmte Stärken eingeübt werden. Zum Beispiel:
  - Bibliothek – die Welt der Bücher führt zu mehr Weisheit, sozialer Intelligenz und Sinn fürs Schöne.
  - Labor – das Experimentieren fördert Vorsicht, Teamfähigkeit und Kritisches Denken (siehe Beispiel im Anhang).

Tipp 3: Charakterstärken über das Schuljahr hinweg sichtbar machen
Die Charakterstärken sollten auch im Laufe des Schuljahrs immer wieder aufgegriffen werden. Folgende Varianten bieten sich an:

- Den Schuljahresrhythmus berücksichtigen:
  - Charakterstärke Hoffnung: Zu Anfang des Schuljahres macht es Sinn, bestimmte Hoffnungen zu artikulieren. Hierzu kann man zum Beispiel persönliche Wünsche auf Flying Wish Papers schreiben, diese dann verbrennen und sie so als Wünsche an das Universum übergeben (auf dass sie in Erfüllung gehen mögen!).
  - Charakterstärke Humor: Traditionell werden am 1. April Scherze gemacht. Fast jede Zeitung pflegt diesen Brauch, in dem sie ihre Leser:innen mit einer überraschenden Falschmeldung in die Irre führt. Für Schulen wäre dieser Tag eine ausgezeichnete Möglichkeit, jungen Menschen eine wohlwollende Form von Humor zu lehren.
  - Charakterstärke Dankbarkeit: Es bietet sich an, Dankbarkeit am Ende des Schul(halb)jahres zu zeigen. Zum Beispiel kann die Direktion ihre Dankbarkeit, für die bemerkenswerte geleistete Arbeit, in einer grossen Konferenz kundtun und so ihre Wertschätzung für das Lehrerkollegium (individuell) zum Ausdruck bringen.

  - Charakterstärke Freundlichkeit: Zur Weihnachtszeit sind viele Menschen ein wenig herzlicher und gütiger gestimmt. Im Rahmen eines Weihnachtsbasars können Klassen Geld für einen guten Zweck sammeln.
- Charakterstärken-Motto für einen Monat, ein Semester, oder ein Schuljahr: Einzelne Charakterstärken können auch über längere Zeit in verschiedenen Fächern auf unterschiedliche Weise thematisiert werden. Zum Beispiel:
  - Charakterstärke Mut:
    Der Mut, Nein zu sagen – das Milgram-Experiment (Fach Psychologie).
    Die Erdplatten bewegen sich doch – eine mutige Hypothese von Alfred Wegener (Fach Geografie).
    Ziviler Ungehorsam – die US-Bürgerrechtsbewegung in den 1960er (Fach Englisch).
    …
- Sondertage oder Sonderwochen mit einem expliziten Charakterstärken-Fokus. Viele bereits existierende Angebote für Schulen trainieren im Grunde einzelne Charakterstärken.
  - Charakterstärke Fairness: Workshop zu Menschenrechten oder Nachhaltigkeit.
  - Charakterstärke Mut: Workshop zu Zivilcourage.
  - Charakterstärke Kreativität: Improtheater-Workshop oder Schreibwerkstatt.
  - Charakterstärke Authentizität: Design your Life-Kurs (vgl. Kernbach & Eppler, 2020)
  - Charakterstärke Hoffnung: Die Hoffnungswerkstatt (vgl. Krafft, 2025).

Fallbeispiel formatio: Wöchentliche Charakterstärken-Karten

An der formatio habe ich im ersten Schuljahr wöchentlich eine Charakterstärken-Karte an alle Lehrpersonen per Email verschickt und sie gleichzeitig im Lehrerzimmer aufgehängt. Diese Karte zeigte das Logo einer Charakterstärke und enthielt eine entsprechende Aufgabe für diese Woche (siehe Beispiel im Anhang). Auch wenn sicherlich nicht alle Lehrpersonen die Aufgabe erfüllt haben, so war es doch ein guter Weg, die 24 Charakterstärken allmählich im Gedächtnis des Lehrerkollegiums zu verankern.

Fallbeispiel formatio: Der Nikolaus-Besuch: Overuse & Underuse von Charakterstärken

An der formatio kommt jedes Jahr Anfang Dezember der Nikolaus. Traditionell ist es so, dass der Nikolaus Kinder für gewisse Dinge tadelt, die sie getan oder auch nicht getan haben. Die Rede des Nikolaus (die an unserer Schule jeweils von der Klassenlehrperson verfasst wird, da sie die eigene Klasse besonders gut kennt) kann deshalb auch genutzt werden, um die Überbetonung oder Unterbetonung (oder gar: den fehlenden Einsatz) von Stärken zu thematisieren. Aber ist diese Art von öffentlichem „Beschämen" aus positivpädagogischer Sicht überhaupt statthaft? Ich denke, dass gerade im Oberstufengymnasium niemand mehr ernsthaft Angst vor dem Nikolaus hat und Kritik in kleinen Dosen durchaus Gutes bewirken kann (vgl. hierzu ebenfalls hellsichtig Kristjansson, 2015, 188; ähnlich auch Waters, 2017, 254–255).

Tipp 4: Charakterstärken als Schulmanagement-Tool

Das Management hat ebenfalls die Möglichkeit, die Schulkultur mit dem Werkzeugkasten der 24 Charakterstärken zu bereichern. Hier einige Beispiele:

- Mitarbeitendengespräche mit Charakterstärken-Fokus
  Eine Reihe von Fragen rund um die Stärken der Lehrpersonen können genutzt werden, um der Wertschätzung von individuellen Stärken und damit den einzigartigen Lehrerpersönlichkeiten Raum zu geben – etwa:
  - Welche Stärken helfen dir dabei, einen wirklich guten Job zu machen?
  - Auf welche Erfolge in deiner Arbeit bist du besonders stolz und welche Stärken haben dir dabei geholfen, sie zu erreichen?
  - Wie genau setzt du deine Signaturstärken in deinem Unterricht ein?
  - Etc.
- Gleichzeitig kann durch bestimmte Fragen auch eine individuelle Stärken-Entwicklung befördert werden:
  - Welche deiner Signaturstärken möchtest du in Zukunft öfters einsetzen? Welche Möglichkeiten gäbe es dafür?
  - Welche deiner Stärken möchtest du weiter entwickeln? Wie genau? Benötigst du dafür vielleicht eine Extra-Weiterbildung – in welcher Form?
  - Etc.
- Schliesslich kann auch die Zusammenarbeit im Lehrerkollegium oder mit den Schüler:innen durch die Brille der Charakterstärken analysiert werden:
  - Wie setzt du deine Stärken ein, um einen guten Teamgeist unter den Lehrpersonen zu befördern?

  - Welche Stärken helfen dir, einen guten Draht zu deinen Klassen zu haben?
  - Etc.
- „Stärken feiern" im Rahmen der Lehrerkonferenz
  Die Schulleitung kann im Rahmen von Lehrerkonferenzen den Stärken von Lehrpersonen feiern und damit zeigen, wie sie die Schulkultur auf ihre Art bereichern. Zum Beispiel:
  - „Ein grosses Lob gebührt A. Dank den von ihm gekauften Pflanzen, wirkt nun der ganze Schulgang viel freundlicher und schöner."
  - „Es ist toll, dass B ihre zwei Schützlinge so gut auf die Physik-Olympiade vorbereitet hat – natürlich mit viel Ausdauer – und sie sich nun für den Landeswettbewerb qualifiziert haben."
  - „Der Internet-Ausfall am Montag hat alle genervt. Aber unsere Tech-Expertin konnte das Problem innert kurzer Zeit lösen. Danke, dass du die Ungeduld der Lehrpersonen so gut erträgst und immer einen kühlen Kopf bewahrst."
- Wall of Gratitude (Dankbarkeitswand)
  Eine Dankbarkeitswand im Lehrerzimmer bietet eine tolle Möglichkeit, die gute Team-Zusammenarbeit zu betonen und einander immer wieder Anerkennung zu zollen.
- Dankbarkeitspostkarten
  Manche Lehrpersonen (meist mit hoher Bescheidenheit ausgestattet) mögen ein öffentliches Loben weniger. Was sie oft dennoch schätzen, ist eine kleine Postkarte, auf dem man ihnen kurz, persönlich und still Danke sagt.

Fallbeispiel formatio: Positive Energizer-Auszeichnung für Lehrpersonen & Gymnasiast:innen

Meine „Glücksschüler:innen" Constantin, Simon und Vera waren fasziniert vom Konzept der Positive Energizer (vgl. Cameron, 2012). Positive Energizer sind Menschen, die über besonders viel Enthusiasmus (eine Charakterstärke) verfügen und einen Arbeitsplatz mit Leben füllen. In einem gewissen Sinne sind sie die eigentlichen Führungspersönlichkeiten in einem Unternehmen, weil sie für eine gute Stimmung sorgen und Projekte proaktiv vorantreiben. Mithilfe einer (anonymen) Umfrage haben die drei Schüler:innen die drei Positive Energizers unter den Lehrpersonen und Gymnasiast:innen bestimmen lassen – und ihnen dann in einer feierlichen Schul-Versammlung einen Positive Energizer-Preis in Form von Schokolade übergeben, inklusive vieler lobender Worte für die Art, wie sie den schulischen Alltag bunter und lebendiger machen.

Fallbeispiel formatio: Charakterstärken-Schnelltest im Rahmen des Vorstellungsgesprächs mit neuen Schüler:innen
Neue Schüler:innen können natürlich unsere Schule kennenlernen, indem sie einen Schnuppertag machen. Wir wollen aber auch die Schüler:innen kennenlernen. Dazu führt jemand aus dem Leitungsteam ein Gespräch mit den Schüler:innen, wobei ein starker Fokus auf den persönlichen Stärken und Interessen liegt. Vor dem Gespräch haben die Schüler:innen einen Schnell-Test zu den 24 Charakterstärken gemacht und ihre Superstärken ermittelt (adaptiert nach Seligman, 2021, 343 ff.). Das Gespräch hat sich aus zwei Gründen bewährt: Erstens reden viele junge Menschen gerne über ihre Stärken (was das Gespräch für sie angenehmer macht). Und zweitens lernen wir sehr viel über unsere potenziellen neuen Schüler:innen.

Tipp 5: Charakterstärken für Klassenlehrpersonen
Für Klassenlehrpersonen gibt es vielfältige Möglichkeiten, die 24 Charakterstärken zu nutzen:

- Unsere Klassenstärken
  Klassenlehrpersonen können Anfang des Schuljahrs mit ihren Schüler:innen gemeinsam eine Liste mit fünf Klassenstärken (an Stelle von Verhaltensregeln) formulieren. Zum Beispiel:
  - Teamfähigkeit – Wir halten als Klasse zusammen und unterstützen uns gegenseitig
  - Neugierde – So doof kann Schule doch nicht sein; wir wollen versuchen, neugierig zu bleiben
  - Vergebungsbereitschaft – Streit kann vorkommen; wir wollen jedoch nachsichtig sein und einander verzeihen
  - Humor – Wir wollen es gemeinsam immer wieder lustig haben
  - Ausdauer – Manchmal ist lernen mühsam; aber am Ende sollte es sich lohnen
- Stärkengespräche mit Eltern
  Klassenlehrpersonen können das normale Elterngespräch für ein Stärkengespräch nutzen. Dieses Gespräch kann in Abwesenheit oder Anwesenheit der Schüler:innen stattfinden. Es ist möglich, offen mit den 24 Charakterstärken zu operieren (indem man etwa den Eltern das Charakterstärken-Poster hinlegt) oder ein „verdecktes" Feedback zu geben und gezielt über die Stärken des Kindes zu reden.

Fallbeispiel formatio: Charakterstärken-Zeugnisse
An der formatio Privatschule schreiben alle Klassen-Lehrpersonen verbale Zeugnisberichte, wobei die individuellen Stärken des Schülers/der Schülerin hervorgehoben werden (was einige kritische Sätze über zu wenig gezeigte Charakterstärken – wie etwa Selbstdisziplin – nicht ausschliesst). Die weiteren Fachlehrer werden dazu angehalten, zusätzliche Statements über Schüler:innen beizusteuern und konkrete Beispiele für gezeigte Stärken zu benennen. Als lose Inspirationsquelle für das Verfassen der Texte dient eine längere Liste mit verschiedenen Formulierungen zu allen 24 Charakterstärken (etwa für Ehrlichkeit: „… kann schwierige Themen offen ansprechen" oder für Weisheit: „… durchdenkt Dinge und kommt zu wirklich tiefsinnigen Schlüssen." oder für Humor: „… hat einen feinen Sinn für Ironie." Etc.) Auch wenn der zeitliche Extra-Aufwand für das Schreiben dieser Texte beträchtlich ist, so zahlt sich die Arbeit am Ende doch aus. Wie die Erfahrung zeigt, ist dieses schriftliche Feedback auf der Rückseite des Zeugnisses für zahlreiche Schüler:innen mindestens so bedeutsam wie die Ziffernnoten auf der Vorderseite. Und das ist vielleicht gar nicht so überraschend: Wer möchte nicht als individuelle Persönlichkeit mit ganz eigenen Stärken gesehen werden?

Fallbeispiel formatio: Charakterstärken-Ehrungen
Am Ende des Schuljahres darf jede Klassenlehrperson einen (oder zwei) Schüler aus ihrer Klasse für eine besondere Charakterstärken-Ehrung vorschlagen (wobei die Fachlehrpersonen und die Schulleitung beratend hinzugezogen werden). Diese Ehrung honoriert das ausserordentliche Zeigen einer bestimmten Charakterstärke während des Schuljahres. Die Ehrung wird in Form einer Urkunde überreicht, welche die Charakterstärke benennt und auch eine kurze Begründung für diese Auszeichnung enthält. Die feierliche Übergabe erfolgt durch die Schulleitung im Rahmen der großen Jahresabschlussfeier, in der auch die akademischen Ehrungen an die Schüler:innen mit den besten Schulnoten vergeben werden.

Tipp 6: Charakterstärken im Fach Persönlichkeitsbildung, Ethik, etc.
Fächer wie Persönlichkeitsbildung oder Ethik bieten sich an, um das Charakterstärken-Konzept gezielt und vertieft mit den Schüler:innen zu behandeln. Hierbei können die Schüler:innen selbst einen (verkürzten) Fragebogen zu den 24 Charakterstärken ausfüllen – und dann einen eigenen Steckbrief mit den eigenen Superstärken erstellen. Weitere Übungen zu den Charakterstärken, die sich gut für junge Menschen eignen, finden sich in folgenden Unterrichtsmaterialien:

Für die Primarschulstufe: *Jedes Kind stärken* (Teufel & Jambor, 2023)
Für die Sekundarschulstufe 1: *Jugend stärken* (Teufel, 2023)
Für die Sekundarstufe 2: *Glück und Happy Mindsets* (Mündle, 2024)

Tipp 7: Charakterstärken im Sprach-Unterricht
In den Sprach-Fächern werden vielfach literarische Texte gelesen. Für die Analyse von fiktiven Charakteren bietet es sich an, Charakterstärken-Profile zu erstellen. Zudem kann darüber diskutiert werden, inwiefern Figuren mit der Zeit gewisse Charakterstärken erst entwickeln (z. B. an Mut gewinnen, Ehrlichkeit zeigen) oder scheitern, weil es ihnen in entscheidenden Momenten an wichtigen Stärken mangelt.

Tipp 8: Charakterstärken zur allgemeinen Unterrichtsgestaltung
Die amerikanischen KIPP-Schulen betonen, dass jede Lektion sowohl ein akademisches Lernziel als auch ein Charakterstärken-Fokus hat. Diese wichtige Idee ist unter dem Schlagwort *dual purpose lessons* – zu deutsch etwa: Lektionen mit einem zweifachen Zweck – bekannt geworden (Witter, 2010). Bei der Unterrichtsplanung gilt es folglich zu bedenken, dass jede Stunde immer auch eine Charakterstärken-Lektion ist. Damit können alle Fächer einen Beitrag zur Kultivierung von Charakterstärken leisten. Wie sich vielfältige Aufgabenstellungen aus dem Blickwinkel von verschiedenen Charakterstärken entwickeln lassen, kann beispielhaft am Thema Astrophysik illustriert werden:

- Liebe zum Lernen: Ein Quiz zu verschiedenen Sternbildern lösen
- Sinn fürs Schöne: Sich vom Anblick des Nachthimmels verzaubern lassen und das eigene Staunen in einem kurzen Gedicht zum Ausdruck bringen
- Urteilsvermögen: Eine Rechnung dazu anstellen, wie lange eine Reise von hier bis zum Mars dauern würde

- Bescheidenheit: Einen Text zum Thema „Meine Bedeutung im Universum" verfassen und dabei reflektieren, wie unser Wissen über das Universum unseren Blick auf uns selbst verändert
- Fairness: In einer Podiumsdiskussion die Frage diskutieren: „Sollten Milliarden für Raumfahrt ausgegeben werden, während auf der Erde Armut herrscht?"

Fallbeispiel formatio: Charakterstärken im Stationenbetrieb
Die Primarschule der formatio Privatschule hatte die tolle Idee am Tag der offenen Tür einen ganz speziellen Stationenbetrieb zu machen: mit einem Charakterstärken-Schwerpunkt. Und so wurde jedem Tisch eine Charakterstärke gewidmet. An einem Tisch durften die Kinder Aufgaben mit viel Kreativität lösen, an einem anderen durften sie sich im Teamwork üben, an einen weiterem durften sie ihren Sinn fürs Schöne zum Ausdruck bringen, etc.

Charakterstärken Plus – vier Traum-Ideen

6

Je länger man sich mit den Charakterstärken und ihren Anwendungen im schulischen Kontext beschäftigt, desto mehr utopische Potenziale für Stärken-Anwendungen im pädagogischen Kontext tauchen vor dem inneren geistigen Auge auf. Im Folgenden möchte ich vier meiner Traum-Ideen präsentieren, die bislang weder gross bedacht noch konkret implementiert worden sind. Sie könnten eventuell genutzt werden, um eine Stärken-Schule 2.0 zu realisieren.

6.1 Das Positive Leadership Capability Model

Die positive Schulentwicklung könnte vieles vom Feld des Positiven Coachings und Positiven (Self-)Leaderships lernen. Hier werden inzwischen interessante holistische Ansätze der Persönlichkeitsentwicklung vertreten. Ein besonders spannendes Konzept ist das sogenannte Positive Leadership Capability Model (Stander & Van Zyl, 2019; Du Plessis, 2019). Die einzigartige Fähigkeit *(capability)* eines Menschen ergibt sich dabei aus seinen Charakterstärken *(character strengths)* plus seinen Fertigkeiten und Talenten *(abilities & talents)* plus seinen Interessen und Aspirationen *(interests & aspirations)* plus seinen Umfeldstärken *(environmental strengths)* (gemeint sind damit die externen Ressourcen, die jemand für seine Ziele mobilisieren kann – z. B. seine sozialen Beziehungen). Dieses ganzheitliche Verständnis eines Menschen liesse sich wahrscheinlich ebenfalls gewinnbringend für die Schule adaptieren.

T. Mündle, *Potenzialentfaltung durch Positive Bildung*, essentials,
https://doi.org/10.1007/978-3-662-73125-3_6

Fallbeispiel formatio: Die Charakterstärken-Steckbriefe von Lehrpersonen
Tatsächlich habe ich das Positive Leadership Capability Model in einem Workshop von Llewellyn van Zyl im Jahre 2018 kennengelernt. Die Charakterstärken-Steckbriefe, die heute im Gang der formatio hängen, enthalten nicht bloss die „Superstärken" jeder Lehrperson, sondern berücksichtigen auch „Meine Talente", „Meine Interessen" und „Mein Netzwerk" – und sind somit ein konkretes Beispiel für die Anwendbarkeit dieses Modells im schulischen Bereich.

6.2 Charakterstärken & Achtsamkeit

Das boomende Feld der Achtsamkeit hat in den vergangenen Jahren auch viele Bildungseinrichtungen erreicht. So gibt es inzwischen Achtsamkeitsprogramme für Kindergärten, Primarschulen, Sekundarschulen und Gymnasien – inklusive entsprechender wissenschaftlicher Begleitforschung (vgl. Roeser et al., 2023). In der Positiven Psychologie war es Ryan Niemiec, der das Thema Achtsamkeit mit den 24 Charakterstärken verbunden hat. Er nennt seinen Ansatz MBSP. Dieses Kürzel steht für *Mindfulness-Based Strength Practice* – zu deutsch: Achtsamkeitsbasierte Stärken-Praxis. Das Ziel dabei ist eine starke Achtsamkeit und einen achtsamen Stärken-Einsatz zu kultivieren (vgl. Niemiec, 2024; Niemiec, 2024b). Für Schulen, die bereits einen pädagogischen Schwerpunkt auf dem Thema Charakterstärken (oder Achtsamkeit) haben, dürfte ein naheliegender nächster Schritt in der Schulentwicklung darin bestehen, eine Kombination aus Achtsamkeit und Charakterstärken anzustreben.

6.3 Charakterstärken & PERMA

Die PERMA-Schule bildet das paradigmatisches Beispiel einer positivpädagogischen Institution. Solide und kompakte deutschsprachige Einführungen in diesen Ansatz der Schulentwicklung bieten die Bücher *Positive Bildung* von Ulrike Lichtinger (Lichtinger, 2023) und *Einführung in die Positive Bildung* von

Christoph Städeli (Städeli, 2023). Die PERMA-Schulen fussen auf dem gleichnamigen Glücksmodell von Martin Seligman (Seligman, 2021). PERMA stellt ein Akronym dar und bezeichnet fünf distinkte Elemente des Glücks. Es sind dies konkret: *Positive Emotions* (Positive Gefühle), *Engagement* (Aktivsein), *Relationships* (Beziehungen), *Meaning* (Sinn), *Accomplishment* (Zielerreichung & Erfolg). Eine gezielte Kultivierung dieser fünf Elemente steigert auch nachweislich das Wohlbefinden (Gander et al., 2016). Liessen sich der PERMA-Ansatz und der Stärken-Ansatz für Schulen vielleicht sogar kombinieren? Ja, sicherlich (vgl. Städeli, 2023, 25–40). Aber welchen Beitrag leisten genau die einzelnen Charakterstärken zu den fünf Elementen des PERMA-Modells? Diese Frage ist wiederum nicht so leicht zu beantworten. Martin Seligman selbst hat in seinem Buch *Flourish* folgende Behauptung vertreten: „In der Theorie des Wohlbefindens untermauern diese 24 Stärken alle fünf Elemente (des PERMA-Modells)" (Seligman, 2021, 46). Lisa Wagner und Kollegen haben in einer empirischen Forschungsarbeit gezeigt, dass wohl tatsächlich alle Charakterstärken die fünf PERMA-Elemente stützen und die meisten Charakterstärken zur Förderung von mehreren PERMA-Elemente genutzt werden können. Gleichzeitig gab es bestimmte Charakterstärken die über alle von den Forscher:innen gemachten Analysen hinweg immer wieder einen positiven Zusammenhang mit einzelnen PERMA-Elementen gezeigt haben. Tab. 6.1 zeigt diese.

Diese Tabelle könnte folglich als Inspirationsquelle für die weitere Schulentwicklung genutzt werden. Wer zum Beispiel verstärkt das Element P *(Positive*

Tab. 6.1. Gewisse Charakterstärken korrelieren mit bestimmten PERMA-Elementen in mehreren Analysen auf besonders konsistente Weise (nach Wagner et al., 2020)

Positive Emotions	Engagement	Relationships	Meaning	Accomplishment
Enthusiasmus	Kreativität	Bindungsfähigkeit	Neugier	Weisheit
Hoffnung	Neugier	Freundlichkeit	Vorsicht	Ausdauer
Humor	Liebe zum Lernen	Teamwork	Soziale Intelligenz	Enthusiasmus
	Ausdauer		Sinn für das Schöne	
	Enthusiasmus		Dankbarkeit	
	Führungsvermögen		Spiritualität	
	Selbstregulation			

Emotions) an der Schule kultivieren möchte, findet hier hilfreiche Hebel[1] in Form bestimmter Charakterstärken: Es ginge darum, mehr Enthusiasmus, Hoffnung und Humor in den Schulalltag zu bringen. Etc.

6.4 Charakterstärken & Bildung für nachhaltige Entwicklung

Schulen sind heute angehalten, sich intensiv mit Nachhaltigkeitsthemen zu beschäftigen. Einige Schulen orientieren sich hierbei auch an den 17 Nachhaltigkeitszielen der Vereinten Nationen (engl. *Sustainable Development Goals* – *k*urz: SDGs). Diese bieten einen umfassenden Überblick über die vielfältigen Herausforderungen, die es in Sachen Nachhaltigkeit anzupacken gilt. Die thematische Aussenseite dieses sehr komplexen Themas wird mit den SDGs tatsächlich sehr gut erfasst. Meiner Meinung nach ist die psychologische Innenseite – das, was sich in den jungen Menschen emotional abspielt, wenn sie mit diesen doch schwierigen menschengemachten Problemen konfrontiert werden – von der Pädagogik bislang zumeist zu wenig tiefgründig analysiert worden (für eine löbliche Ausnahme siehe Lemke et al., 2024). Eine zentrale Entwicklung scheint mir zu sein, dass ein internationales Team an Wissenschafter:innen analog zu den äusseren SDGs die sogenannten IDGs formuliert hat – das sind: die *Inner Development Goals* (Cooper & Gibson, 2022). Diese beinhalten fünf Dimensionen des inneren Wachstums, welchen wiederum 23 Fähigkeiten zugeordnet worden sind. Aus der Liste der 23 Fähigkeiten wird klar, dass es sich hierbei um grundlegende Charakterstärken handelt und es vielfältige Überschneidungen mit den 24 Charakterstärken gibt – so etwa werden Optimismus, Mut, Kreativität, Ausdauer, Authentizität, Bescheidenheit, kritisches Denken angeführt. Auch wenn die 23 IDG-Skills und die Liste der 24 Charakterstärken nicht vollkommen ident sind, so ist doch eines klar: Für eine erfolgreiche Auseinandersetzung mit Nachhaltigkeitsthemen kommt man nicht darum herum, sich auch gezielt mit der Förderung von Charakterstärken zu beschäftigen. Wie dies genau geschehen könnte, … keine Ahnung. Die pädagogische Verknüpfung einer Bildung für Nachhaltige Entwicklung mit den 24 Charakterstärken ist derzeit eine Terra Incognita, deren Erforschung natürlich höchst wünschenswert wäre.

[1] Genau genommen wurden in der Studie – natürlich – keine Kausalzusammenhänge aufgedeckt, sondern lediglich Korrelationen.

Fallbeispiel formatio: Klimawandel – Ein Training für Ehrlichkeit und soziale Intelligenz

Ich unterrichte unter anderem das Fach Biologie – und dort geht es natürlich auch irgendwann um das grosse Feld der Ökologie. Während ich früher vor allem wichtiges Fakten-Wissen vermittelte („Berechne deinen eigenen ökologischen Fussabdruck!"), achte ich inzwischen stärker auf die innere Gefühlswelt der Schüler:innen. Unter anderem verwende ich dazu kurze Briefe von Wissenschafter:innen, in denen sie ihre persönlichen Gefühle über die Klimakrise zum Ausdruck bringen (zu finden unter www.isthishowyoufeel.com). Eine Aufgabe der Schüler:innen besteht darin, auf einen dieser Briefe einen Antwort-Brief zu verfassen. Ein kleines Training für die Charakterstärken Ehrlichkeit (mit sich selbst) und soziale Intelligenz.

Ein persönliches Schlusswort 7

Im August 2017/2018 begann ich mit der theoretischen Ausarbeitung eines Schulentwicklungskonzepts – und beschäftigte mich alsbald intensiv mit den 24 Charakterstärken, einfach weil die formatio Privatschule schon von jeher das Motto „Stärken stärken" hatte und weil ich – dank meiner Ausbildung in Positiver Psychologie an der Uni Zürich – Kontakt mit Lisa Wagner gefunden hatte, die einige wegweisende Forschungsarbeiten zu den 24 Charakterstärken im schulischen Kontext durchführte. Je länger ich mich mit dem Thema beschäftigte und je mehr Stärken-Projekte wir an der Schule lancierten, desto seltsamer erschien mir das Fehlen einer umfassenden Stärken-Sprache und von massgeschneiderten Stärken-Übungsmaterialien im modernen Bildungssystem. Meine positiven Erfahrungen aus dem jahrelangen Experimentieren mit den 24 Charakterstärken im schulischen Kontext möchte ich hier zum Schluss in sieben Punkten zusammenfassen:

1. Charakterbildung ist kein pädagogisches Extra. In diesem Sinne sind alle Schulen immer schon Stärken-Schulen gewesen. Die 24 Charakterstärken leisten einen originellen Beitrag zu einer alten Idee und können so – meiner Meinung nach –, eine humanistische Bildung auf zeitgemässe Weise realisieren helfen.
2. Die 24 Charakterstärken sind so wertvoll, weil sie ein systematisches Nachdenken über Charakterbildung an Schulen erlauben. Mit dem Schema der 24 Charakterstärken lässt sich der Ist-Zustand der eigenen Schulkultur präzise analysieren und eine Vision für dieselbe formulieren.
3. Das Sichtbarmachen von persönlichen Superstärken dient der individuellen Potenzialentfaltung und ermöglicht eine höhere Wertschätzung jedes einzelnen Akteurs im Schulsystem. Und besonders für Kinder und Jugendliche ist es wichtig, dass sie im Verlauf ihrer Schullaufbahn immer besser verstehen, dass

T. Mündle, *Potenzialentfaltung durch Positive Bildung*, essentials,
https://doi.org/10.1007/978-3-662-73125-3_7

sie persönliche Stärken haben und welche Stärken sie ganz besonders auszeichnet.

4. Die 24 Charakterstärken sind – was die schulische Praxis betrifft – vielseitig anwendbar. Schulleitungen, Lehrpersonen und die Schülerinnen und Schüler können von Theorie und Praxis der 24 Charakterstärken profitieren. Und was den konkreten Unterricht betrifft: Man kann die 24 Charakterstärken in Fächern wie Ethik, Lebenskunde, Persönlichkeitsbildung oder Psychologie explizit thematisieren. Man kann sie zur Analyse von literarischen Figuren verwenden. Und man kann in jedem Fach *dual purpose lessons* gestalten oder Charakterstärken-Tischgruppen-Unterricht machen.
5. Die 24 Charakterstärken sind hochgradig anschlussfähig für andere Konzepte. Anstatt auf eine Art „reine Lehre der 24 Charakterstärken" zu pochen, können sie mit bereits vorhandenen schulischen Konzepten verknüpft werden (z. B. dem Konzept der überfachlichen Kompetenzen oder sozial-emotionalen Lernprogrammen). Durch eine kluge Verbindung können synergistische Effekte erzielt werden (z. B. durch eine Stärken-Schule plus Achtsamkeit, plus Nachhaltigkeit, plus PERMA-Modell).
6. Die Positive Psychologie bietet mehr als bloss das Schema der 24 Charakterstärken; es gibt inzwischen Forschungsprojekte zu jeder der 24 Charakterstärken und auch entsprechende evidenzbasierte Übungen. Diese Übungen lassen sich oft auch in der Schule nutzen oder – dem Alter der Kinder gemäss – adaptieren.
7. Eine Stärken-zentrierte Schulkultur ermöglicht – meiner Erfahrung nach – das Aufblühen aller. An einer Stärken-Schule fühlen sich die Schülerinnen und Schüler nicht einfach nur wohler, sondern sie können auch – das ist meine feste Überzeugung – bessere schulische Leistungen erbringen.

Schliesslich würde ich mich freuen, wenn die hier präsentierten Ideen, weitere Bildungsstätten dazu motivieren würden, das Konzept der 24 Charakterstärken für ihre Zwecke zu nutzen, um Schule zu einem „Ort von Lernfreude" (Burow, 2011, 11) zu machen. Darum habe ich dieses *essential* geschrieben.

Weiterführende Lektüre

Einen guten und detaillierten Überblick über alle 24 Charakterstärken inklusive zahlreicher positiv-psychologischer Interventionen bietet das Buch *Charakterstärken* von Ryan Niemiec (Niemiec, 2019). Eine deutsche Einführung in das Thema Charakterstärken plus Achtsamkeit bietet das Buch *Charakterstärke* von Peter Malinowski (Malinowski, 2023). Derzeit nur auf Englisch verfügbar sind die beiden MBSP-Bücher von Ryan Niemiec – das Grundlagen-Werk *Mindfulness and Character Strengths* (Niemiec, 2024a) und das Arbeitsbuch dazu *The Mindfulness and Character Strengths Workbook* (Niemiec, 2024b). Ebenfalls nur auf Englisch erhältlich, ist das Buch *The Strength Switch* von Lea Waters, welches eine positive Eltern-Erziehung mit dem Fokus auf Charakterstärken vertritt (Waters, 2017). Viele der von ihr präsentierten Ideen und Übungen lassen sich auch im schulischen Kontext anwenden. Wer sich insbesondere für schulische Übungsmaterialien zu den Charakterstärken interessiert, dem können Unterlagen zum Glücksunterricht empfohlen werden. Einzigartig hier ist das (englischsprachige) Buch *Building Happiness, Resilience and Motivation in Adolescents,* weil es Übungen zu wirklich allen 24 Charakterstärken (für die Sekundarstufe 1) bietet (MacConville & Rae, 2012). Nicht zu allen Charakterstärken, aber zu sehr vielen finden sich wirklich tolle Übungen in den Unterlagen (für die Primarschule) *Jedes Kind stärken* (Teufel & Jambor, 2023) und (für die Sekundarstufe I) *Jugend stärken* (Teufel, 2023).

T. Mündle, *Potenzialentfaltung durch Positive Bildung*, essentials,
https://doi.org/10.1007/978-3-662-73125-3

Diese sind zudem elektronisch gratis (und in Druckform sehr günstig) über die Webseite www.ifte.at zu beziehen. Schliesslich finden sich auch einige gute Charakterstärken-Übungen in meinem Lese-Lernbuch, welches ich für meinen eigenen Glücksunterricht in der Sekundarstufe II verwende: *Glück und Happy Mindsets* (Mündle, 2024).

Anhang

T. Mündle, *Potenzialentfaltung durch Positive Bildung*, essentials,
https://doi.org/10.1007/978-3-662-73125-3

Die 24 Charakterstärken
Kreativität
Neugierde
Urteilsvermögen
Liebe zum Lernen
Weisheit
Mut
Ausdauer
Ehrlichkeit
Enthusiasmus
Liebe
Freundlichkeit
Soziale Intelligenz
Teamfähigkeit
Fairness
Führungsvermögen
Verzeihung
Bescheidenheit
Klugheit
Selbstdisziplin
Sinn fürs Schöne
Dankbarkeit
Hoffnung
Humor
Spiritualität
© Maria Fasel & The Sketch Notes Team (Alina, Henry, Isabella, Kilian, Livia)

Beispiel: Charakterstärken-Wochenkarte „Enthusiasmus"

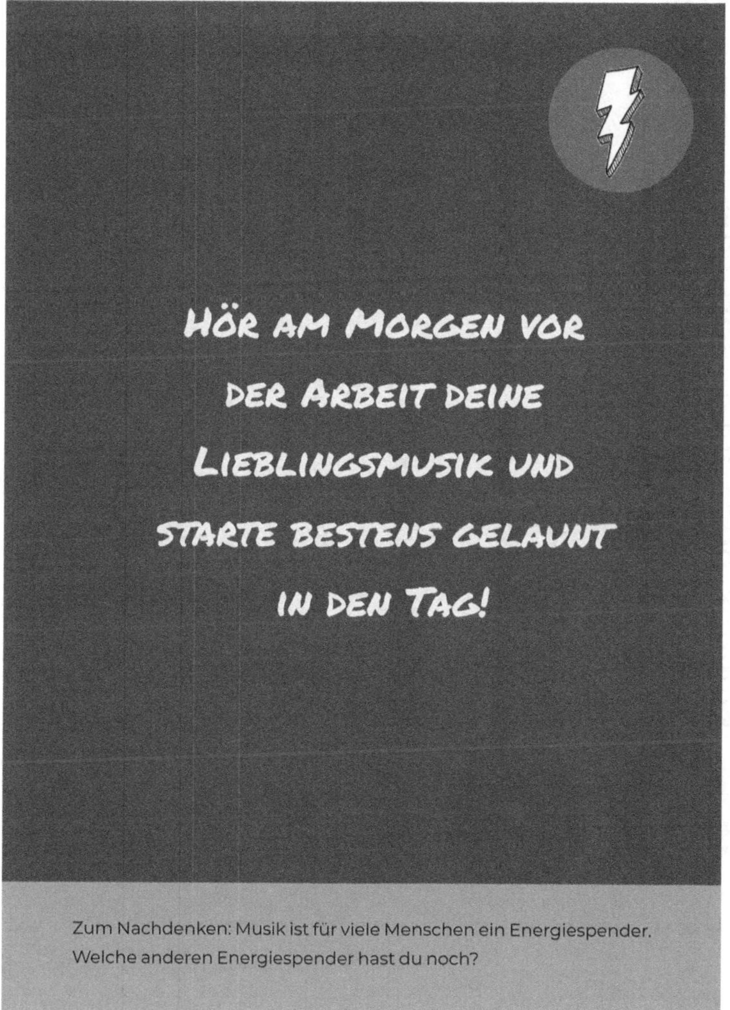

Die drei Laborstärken sind...

Klugheit oder auch: Vorsicht!

Chemikalien sind mitunter gefährlich. Strom ist mitunter gefährlich! Informiere dich und befolge die Schutzmassnahmen.

Teamfähigkeit

Sei ein Teamplayer und erfülle deinen Teil der Aufgabe zuverlässig.

Kritisches Denken

Denk nach, bevor du ans Arbeiten gehst. Damit kannst du dir mitunter viel Zeit (und auch Ärger) ersparen. Und es ist natürlich immer okay, deinen Lehrer zu fragen, wenn du nicht weiter weisst.

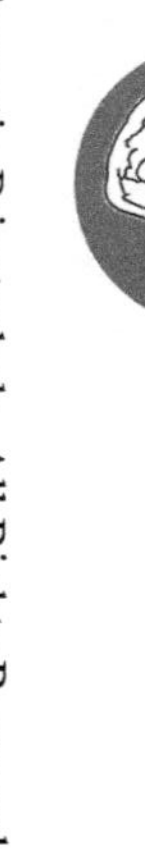

Übung: Charakterstärken 360° (für Lehrpersonen)[1]

Suche dir für diese Partnerübung eine Lehrperson, die dich gut kennt. Tauscht euch über eure Signaturstärken aus. Betrachte dazu zunächst die unten stehende Liste mit den 24 Charakterstärken. Welche dieser Stärken beschreibt deinen Lehrerkollegen/deine Lehrerkollegin deiner Meinung nach am besten? Kreuze jene Stärken an, die du am klarsten in ihm/ihr siehst. Wähle dazu fünf Charakterstärken aus.

Nr.	Charakterstärke	Rang
1	**Kreativität:** er/sie besitzt Einfallsreichtum und sieht und tut Dinge auf eine originelle Weise.	
2	**Neugierde:** er/sie interessiert sich für Neues und ist offen für andere Erfahrungen.	
3	**Urteilsvermögen:** er/sie ist ein kritischer Kopf und denkt die Dinge logisch zu Ende.	
4	**Liebe zum Lernen:** er/sie lernt leidenschaftlich gerne und eignet sich neue Fähigkeiten an.	
5	**Weisheit:** er/sie gibt gute Ratschläge, sieht das grosse Ganze und integriert andere Ansichten.	
6	**Mut:** er/sie tritt mutig für das Richtige ein und lässt sich nicht einschüchtern.	
7	**Ausdauer:** er/sie ist fleissig , arbeitet hart und führt Dinge zu Ende.	
8	**Ehrlichkeit:** er/sie ist integer, authentisch und wahrhaftig.	
9	**Tatendrang:** er/sie ist voll Energie und Enthusiasmus.	
10	**Liebe:** er/sie ist herzlich und schätzt enge Beziehungen zu anderen Menschen.	
11	**Freundlichkeit:** er/sie ist grosszügig, mitfühlend, altruistisch und nett.	
12	**Soziale Intelligenz:** er/sie ist sich der Motive und Gefühle von anderen und sich bewusst.	
13	**Teamfähigkeit:** er/sie ist ein Teamplayer und arbeitet gerne in Gruppen.	
14	**Fairness:** er/sie handelt nach Prinzipien der Gerechtigkeit und der Gleichheit aller.	
15	**Führungsvermögen:** er/sie ermutigt und führt Gruppen und bringt so Dinge vorwärts.	
16	**Vergebungsbereitschaft:** er/sie verzeiht und gibt anderen eine zweite Chance.	
17	**Bescheidenheit:** er/sie ist demütig und seine/ihre Errungenschaften sprechen für sich.	
18	**Vorsicht:** er/sie ist vorsichtig und handelt mit Bedacht.	

[1] Diese Aufgabe findet sich in ähnlicher Form in Niemiec, 2024, 90–91.

Nr.	Charakterstärke	Rang
19	**Selbstdisziplin:** er/sie ist diszipliniert und kann seine Emotionen und Impulse gut steuern.	
20	**Sinn für das Schöne:** er/sie staunt immer wieder über die grossartige Schönheit dieser Welt.	
21	**Dankbarkeit:** er/sie fühlt sich dankbar und bringt seine Dankbarkeit oft zum Ausdruck.	
22	**Hoffnung:** er/sie ist optimistisch und sieht die Zukunft positiv.	
23	**Humor:** er/sie macht gerne Scherze und geht unbeschwert und spielerisch durchs Leben.	
24	**Religiosität:** er/sie ist ein spiritueller Mensch und ihm/ihr sind Sinn-Fragen wichtig.	

Erkläre deinem Kollegen/deiner Kollegin mit konkreten Beispielen, wann und wie genau er/sie jede dieser fünf Stärken gezeigt hat.

Weitere Fragen

- Welche Stärken finden sich sowohl in der Selbst-Einschätzung von dir als auch in der Fremdeinschätzung deines Lehrerkollegen/deiner Lehrerkollegin? Was sind also deine starken Superstärken *(strong signature strengths)?*
- Welche Stärken sieht dein Lehrerkollege/deine Lehrerkollegin in dir – und du nicht. Verfügst du vielleicht mehr über diese Stärke als du denkst? Könnte es hierbei um einen blinden Fleck von dir handeln?
- Welche Signaturstärke hast du, welche dein Lehrerkollege/deine Lehrerkollegin nicht benannt hast? Welche neuen Wege könntest du finden, um diese Stärke tatsächlich (in deinem Arbeitsumfeld) sichtbarer zu machen?
- Welche Signaturstärke, die dein Lehrerkollege/deine Lehrerkollegin hat, hättest du auch gerne? Warum genau?
- Welche Tipps kann der Lehrerkollege/die Lehrerkollegin dir geben, um diese Charakterstärke zu entwickeln?

Übung: Bessere Menschenkenntnis dank Charakterstärken[2]

Die Liste der 24 Charakterstärken kann dazu genutzt werden, um Menschen leichter „lesen“ und besser verstehen zu können.

[2] Diese Übung ist im Englischen als *Strengths Spotting* bekannt – vergleiche hierzu Niemiec, 2018, CSI9.

1. Bildet ein 3er Team, nehmt die Liste der 24 Charakterstärken zur Hand und dann analysiert die folgenden berühmten Persönlichkeiten in Bezug auf ihre Signaturstärken:
   - Greta Thunberg
   - Donald Trump
   - Martin Luther King
   - Marie Curie
   - Cristiano Ronaldo
   - Pippi Langstrumpf
   - Jesus Christus

   Begründet eure Annahmen über die jeweiligen Charakterstärken, indem ihr konkrete Verhaltensbeispiele nennt. Zum Beispiel: „Ich glaube, dass Greta Thunberg über ein hohes Mass an Ehrlichkeit verfügt, weil sie immer wieder klar ausspricht, was sie denkt."
2. Extra-Aufgabe: Jeder Mensch hat auch niedere Charakterstärken („Charakterschwächen"). Welches sind wohl die niederen Charakterstärken dieser berühmten Persönlichkeiten? Stützt eure Vermutungen wiederum durch konkrete Beispiele.
3. Alternative Variante: Wählt drei Menschen aus eurem sozialen Umfeld aus, die ihr alle gut kennt (z. B. Schülerinnen und Schüler). Analysiert wiederum die Signaturstärken dieser Personen.

Übung: Charakterstärken Justierung (für Lehrpersonen)[3]

Stärken können so justiert werden, dass sie zu den alltäglichen Erfordernissen passen. Das heisst: Lehrer können ihre Signaturstärken gezielt auf ihre Job-Aufgaben abstimmen. Da das Ausleben von Stärken zufriedener macht, führt eine gewissenhafte Durchführung dieser Aufgabe dazu, dass die Arbeit eher als Berufung empfunden wird und man mehr Energie und Vitalität bei der Arbeit verspürt.

Anleitung

1. Liste drei Aufgaben auf, die ein zentraler Bestandteil deiner Arbeit sind (z. B. einen Test entwerfen, Schüler motivieren, Email an Eltern schreiben, Unterrichtsmaterialien zusammenstellen, einen Streit schlichten, etc.).

[3] Diese Übung ist im Englischen als *Strengths Alignment* bekannt – siehe Niemiec, 2018, CSI 20.

2. Rufe dir abermals deine fünf Signaturstärken ins Gedächtnis.
3. Schreibe auf, wie du jeweils eine dieser Signaturstärken dazu verwenden kannst, um jede dieser Aufgaben mit Bravour zu erledigen. Erkläre, wie genau du deine Signaturstärke für die Aufgabe einsetzen wirst.
4. Alternativ kannst du auch von deinen Signaturstärken ausgehen und dich fragen, wie du sie besser einsetzen kannst, um bestimmte Aufgaben mit mehr Leichtigkeit und vielleicht sogar mit richtiger Freude zu erledigen.

Aufgabe	Signaturstärke	Wie genau?
Schüler:innen für das Fach Chemie motivieren.	*Humor*	> *Ich werde recherchieren, ob es nicht Chemie-Cartoons gibt, die grundlegende Ideen aus der Chemie auf amüsante Weise erklären.*

Literatur

Alfano, M. (2013). *Character as Moral Fiction*. Cambridge UP.

Arthur, J., & Kristjansson, K. (2022). *The Jubilee Centre Framework for Character Education in Schools*. Abgerufen am 22.02.2024 von https://www.jubileecentre.ac.uk/wp-content/uploads/2023/08/Framework-for-Character-Education-4.pdf.

Baumgardner, S., & Crothers, M. (2009). *Positive Psychology*. Pearson Education.

Baruch-Feldman, C. (2017). *The Grit Guide for Teens*. Instant Help Books.

Bier, M. (2021). Servant leadership for schools. *Journal of Character Education*, *17*(2), 27–46.

Blum, N. (2025). *Radikale Freundlichkeit*. Kailash Verlag.

Brohm-Badry, M., & Endres, W. (2015). *Positive Psychologie in der Schule: die Glücksrevolution im Schulalltag*. Beltz Verlag.

Brower, E. (2025, 24. Februar). How Educators Are Using Kindness to Transform Schools. *Greater Good Magazine*. https://greatergood.berkeley.edu/article/item/how_educators_are_using_kindness_to_transform_schools.

Burow, O.-A. (2011). Positive Pädagogik. *Sieben Wege zu Lernfreude und Schulglück*. Beltz Verlag.

Buschor, C., Proyer, R. T., & Ruch, W. (2013). Self-and peer-rated character strengths: How do they relate to satisfaction with life and orientations to happiness? *The Journal of Positive Psychology*, *8*(2), 116–127.

Cameron, K. (2012). *Positive Leadership*. Berrett-Koehler Publishers.

Cooper, K. J., & Gibson, R. B. (2022). A novel framework for inner-outer sustainability assessment. *Challenges*, *13*(2), 64. https://doi.org/10.3390/challe13020064.

Coppley, J., & Niemiec, R. M. (2021). Character strengths interventions in education systems. In *The Palgrave Handbook of Positive Education* (S. 395–420). Springer International Publishing.

Curren, R., Boniwell, I., Ryan, R. M., Oades, L., Brighouse, H., Unterhalter, E., Kristjansson, K., De Ruyter, D., & MacLeod,C. (2024). Finding consensus on well-being in education. *Theory and Research in Education*, *22*(2), 117–157.

T. Mündle, *Potenzialentfaltung durch Positive Bildung*, essentials, https://doi.org/10.1007/978-3-662-73125-3

D-EDK (2016). *Lehrplan 21. Grundlagen*. Abgerufen am 24.8.2024 von. https://v-ef.lehrplan.ch/container/V_EF_Grundlagen.pdf.

Dittrich, J., Fischer, V., & Hellermann, L. (2018). 2. Selbstwirksamkeit. In *Das Selbst. Psychologische Perspektiven* (S. 40–62). Universitätsverlag Hildesheim.

Du Plessis, M. (2019). Positive Self-leadership: A Framework for Professional Leadership Development. In *Theoretical Approaches to Multi-Cultural Positive Psychological Interventions* (S. 445–461). Springer Nature.

Eschenbeck, H., & Knauf, R. K. (2018). Entwicklungsaufgaben und ihre Bewältigung. In *Entwicklungspsychologie des Jugendalters* (S. 23–50). Springer Verlag.

Flanagan, O. (2020). Buddhism. In *How to Live a Good Life* (S. 9–25). Vintage Books.

Gander, F., Proyer, R. T., & Ruch, W. (2016). Positive Psychology Interventions Addressing Pleasure, Engagement, Meaning, Positive Relationships, and Accomplishment Increase Well-being and Ameliorate Depressive Symptoms: A Randomized, Placebo-controlled Online Study. *Frontiers in psychology*, *7*, 686. https://doi.org/10.3389/fpsyg.2016.00686

Gander, F., Wagner, L., & Niemiec, R. M. (2024a). Do Character Strengths-based Interventions Change Character Strengths? Two Randomized Controlled Intervention Studies. *Collabra: Psychology*, *10*(1). https://doi.org/10.1525/collabra.108604

Gander, F., Wagner, L., Vylobkova, V., Kretzschmar, A., & Ruch, W. (2024b). Paragons of Character – Character Strengths and Well-being of Moral, Creative, and Religious Exemplars. *Journal of Personality*, *92*(6), 1514–1527.

Green, S., Leach, C., & Falecki, D. (2021). Approaches to Positive Education. In *The Palgrave Handbook of Positive Education* (S. 21–48). Springer International Publishing.

Grün, A. (2012). *Einfach nur glücklich. Inspirationen für ein gutes Leben*. Pattloch Verlag.

Hart, R. (2021). *Positive Psychology: The Basics*. Routledge.

Harzer, C., & Ruch, W. (2012). When the job is a calling. *The Journal of Positive Psychology*, *7*(5), 362–371.

Hoare, E., Bott, D., & Robinson, J. (2017). Learn it, live it, teach it, embed it: Implementing a whole school approach to foster positive mental health and wellbeing through positive education. *International Journal of Wellbeing*, *7*(3), 56–70.

IPEN (2024). *Positive Education*. IPEN. https://www.ipen-network.com/about-us

Keller, P. (2014, 27. Februar). Akademisches Monstrum. *Die Weltwoche*, 34–35.

Kernbach, S., & Eppler, M. J. (2020). *Life Design*. Schäffer-Poeschel Verlag.

Krafft, A. (2025). Positive Futures – Die Hoffnungswerkstatt. In *Positive Bildung für die schulische Praxis* (S. 131–156). Beltz Verlag.

Kristjansson, K. (2015). *Virtues and Vices in Positive Psychology*. Cambridge UP.

Kristjansson, K. (2020). *Flourishing as the Aim of Education*. Routledge.

Lederer, B. (2014). *Kompetenz oder Bildung*. Innsbruck UP.

Lemke, J., Buddeberg, M., & Henke, V. (2024). Bildung für nachhaltige Entwicklung vor dem Hintergrund dystopischer Zukunftsperspektiven: Zum Umgang mit Klimaemotionen in schulischen Lernprozessen. *Theo-Web*, *23*(1), 168–190.

Lichtinger, U. (2023). *Positive Bildung: Wohlbefinden und Leistung in der Schule*. Springer Verlag.

Lichtinger, U. (Hrsg.). (2025). *Positive Bildung für die schulische Praxis*. Beltz Verlag.

Linkins, M., Niemiec, R. M., Gillham, J., & Mayerson, D. (2015). Through the lens of strength: A framework for educating the heart. *The Journal of Positive Psychology*, *10*(1), 64–68.

MacConville, R., & Rae, T. (2012). *Building Happiness, Resilience and Motivation in Adolescents. A Positive Psychology Curriculum for Well-Being*. Jessica Kingsley Publishers.

Malinowski, P. (2023). *Charakterstärke*. OW Barth.

McGrath, R. E. (2015). Integrating psychological and cultural perspectives on virtue: The hierarchical structure of character strengths. *The Journal of Positive Psychology, 10*(5), 407–424.

Mündle, T. (2024). *Glück und Happy Mindsets*. Springer Verlag.

Nida-Rümelin, J. (2013). *Philosophie einer humanen Bildung*. edition Körber-Stiftung.

Niemiec, R. (2018). *Character Strengths Interventions. A Field Guide for Practitioners*. Hogrefe Verlag.

Niemiec, R. (2019). *Charakterstärken. Trainings und Interventionen für die Praxis*. Hogrefe Verlag.

Niemiec, R. (2024a). *Mindfulness and Character Strengths. A Practitioner's Guide to MBSP*. Hogrefe Verlag.

Niemiec, R. (2024b). *The Mindfulness and Character Strengths Workbook*. Hogrefe Verlag.

OECD (2023). PISA 2022 Results (Volume I). The State of Learning and Equity in Education. OECD Publishing. https://doi.org/10.1787/53f23881-en

Peterson, C., & Seligman, M. E. (2004). *Character Strengths and Virtues: A Handbook and Classification*. Oxford UP.

Pfiffner, M., Sterel, S., & Hassler, D. (2021). *4K und digitale Kompetenzen*. hep Verlag.

Pigliucci, M. (2020). Stoicism. In *How to Live a Good Life* (pp. 88–107). Vintage Books.

Popper, P. (1970). *Die offene Gesellschaft und ihre Feinde. Band 2*. Francke Verlag.

Rabenstein, K., Proske, M., & Idel, T. S. (2018). Individualisierung schulischen Lehrens und Lernens als Reformstrategie. *Zeitschrift für Pädagogik, 64*(2), 147–158.

Raithel, J., Dollinger, B., & Hörmann, G. (2009). *Einführung Pädagogik: Begriffe· Strömungen Klassiker· Fachrichtungen*. VS Verlag für Sozialwissenschaften.

Reusser, K. (2014). Kompetenzorientierung als Leitbegriff der Didaktik. *Beiträge zur Lehrerinnen-und Lehrerbildung, 32*(3), 325–339.

Roeser, R. W., Greenberg, M. T., Frazier, T., Galla, B. M., Semenov, A. D., & Warren, M. T. (2023). Beyond all splits: Envisioning the next generation of science on mindfulness and compassion in schools for students. *Mindfulness, 14*(2), 239–254.

Ruch, W., & Wagner, L. (2013). Die Positive Psychologie bei Kindern und Jugendlichen: Charakterstärken und das gute Leben. *Psychologie & Erziehung, 39*(1), 8–20.

Ruch, W., & Wagner, L. (2016). Charakterstärken und Schule. *journal für lehrerInnenbildung,* (1), 23–27.

Ruch, W., Weber, M., Park, N., & Peterson, C. (2014). Character strengths in children and adolescents. *European Journal of Psychological Assessment*, 30(1), 57–64.

Ruch, W., Gander, F., Wagner, L., & Giuliani, F. (2021). The structure of character: On the relationships between character strengths and virtues. *The Journal of Positive Psychology, 16*(1), 116–128.

Schleider, J., Mullarkey, M., & Dobias, M. (2021). *The Growth Mindset Workbook for Teens*. Instant Help Books.

Seligman, M. (2021). *Flourish. Wie Menschen aufblühen*. Kösel Verlag.

Stander, F. W., & Van Zyl, L. E. (2019). The Talent Development Centre as an Integrated Positive Psychological Leadership Development and Talent Analytics Framework. In *Positive Psychological Intervention Design and Protocols for Multi-Cultural Contexts* (S. 33–56). Springer International Publishing.

Städeli, C. (2023). *Einführung in die Positive Bildung*. hep Verlag.

Sterel, S., & Pfiffner, M. (2019). Mit dem 4K-Modell in die Bildungszukunft. *Panorma*, (2), 8–9.

Teufel, I. (2023). *Jugend stärken. Band 1*. Abgerufen am 22.02.2024 von https://youthstart.myshopify.com/products/jugend-starken-band-1-im-set

Teufel, I., & Jambor. E. (2023). *Jedes Kind stärken. Band 1*. Abgerufen am 22.02.2024 von https://youthstart.myshopify.com/products/jedes-kind-starken-band-1-im-set

Van Norden, B. W. (2020). Confucianism. In *How to Live a Good Life* (pp. 26–46). Vintage Books.

Van Tongeren, D. R. (2022). *Humble: The Quiet Power of an Ancient Virtue*. Welbeck Balance.

Wagner, L. (2018). *Studying what is best in adolescents: The role of character strengths in positive experiences, relationships, and achievement at school*. Unpublished doctoral dissertation, University of Zurich.

Wagner, L., Gander, F., Proyer, R. T., & Ruch, W. (2020). Character strengths and PERMA: Investigating the relationships of character strengths with a multidimensional framework of well-being. *Applied Research in Quality of Life*, *15*, 307–328.

Wagner, L. & Ruch, W. (2023a). Assessing Character Strengths. In *Handbook of Positive Psychology Assessment* (S. 101–121). Hogrefe Verlag.

Wagner, L., & Ruch, W. (2023b). Displaying character strengths in behavior is related to well-being and achievement at school: Evidence from between- and within-person analyses. *Journal of Positive Psychology*, *18*(3), 460–480.

Waters, L. (2017). *The Strength Switch*. Scribe.

Waters, L. (2021). Positive Education Pedagogy: Shifting Teacher Mindsets, Practice, and Language to Make Wellbeing Visible in Classrooms. In *The Palgrave Handbook of Positive Education* (pp. 137–164). Springer International Publishing.

Weber, M. (2021). Relations between character strengths and subjective well-being in children and adolescents: A brief overview. *Medical Research Archives*, *9*(6), 1–9.

Witter, M. (2010, 27. September). Dual Purpose Experiences. Abgerufen am 29.04.2025 von https://de.scribd.com/document/38244064/Dual-Purpose-Experiences-Presentation-MWitter

GPSR Compliance

The European Union's (EU) General Product Safety Regulation (GPSR) is a set of rules that requires consumer products to be safe and our obligations to ensure this.

If you have any concerns about our products, you can contact us on ProductSafety@springernature.com

In case Publisher is established outside the EU, the EU authorized representative is:

Springer Nature Customer Service Center GmbH
Europaplatz 3
69115 Heidelberg, Germany

Batch number: 10146230

Printed by Printforce, the Netherlands